Der Hund, der Stift, und das Stöckchen

Der Hund, der Stift und das Stöckchen

DAS GEHEIMNIS DES HEILENS

VON

SARAHNI STUMPF
(SUSAN P. STUMPF, PA, MAC)

2017 von Susan P. Stumpf
Titel der amerikanischen Originalausgabe:
The Pen, The Puppy and the Chew Toy
Deutsche Erstausgabe Mai 2020

Das Werk und seine Teile sind urheberrechtlich geschützt.
Jede Nutzung in anderen als den gesetzlich zugelassenen Fällen
bedarf der vorherigen schriftlichen Einwilligung des Verlages.

Hinweis zu §52a UrhG: Weder das Werk noch seine Teile dürfen ohne eine solche
Einwilligung eingescannt und in ein Netzwerk eingestellt werden.

Die Tantiemen des Autors, abzüglich fälliger Steuern, werden regelmäßig an
Diamond Mountain, Inc., 501 (c) 3 Nummer 86-0959506 gespendet, in
Dankbarkeit für die Programme, die dort zur Verfügung gestellt werden.

Es wird ausdrücklich darauf hingewiesen, dass alle Informationen und Übungen, die
hier angeboten werden, keine Heilweisen im schulmedizinisch-therapeutischen Sinn sind
und dass im Krankheitsfall die Nutzung dieser Übungen und Informationen
den Besuch bei einem Arzt oder Therapeuten nicht ersetzen kann.

Illustrationen von Vimala Sperber
Titelfoto mit freundlicher Genehmigung von Katey Fetch

Layout von Richard Fenwick entworfen
Cover von Lori Lieber entworfen

Übersetzung ins Deutsche: Marianne Müller und Brigitte Zahrl

ISBN: 978-0-578-68680-6

*Durch die Macht der Wahrheit, dass Liebe,
Mitgefühl und Weisheit den Himmel auf Erden erschaffen,
möge Deine Verwendung dieses Buches unsere Welt
von der Erfahrung von Krankheit für immer befreien.*

Inhaltsverzeichnis

Einführung	3
Die Ursachen erschaffen, die die gewünschten Ergebnisse erzeugen: Geistige Samen	9
Geistige Samen und die Vier Gesetze	17
Die Vier Blumen	23
Die Vier Schritte und die Vier Kräfte	27
Rückblick auf die Vier Schritte	69
Unerwünschte Samen entfernen	75
Die Vier Kräfte	77
Abschluss: Wie könnte es sein?	89
Für Menschen in Heilberufen	91
Fragen und Antworten	97

Was ist mit Gott?	107
Nachwort	109
Programm für den täglichen Gebrauch	111
Anhang	133
Geschichten, die das Leben schreibt	151
Danksagung	183
Über Sarahni	185

*Wie wundervoll ist es doch, dass niemand
auch nur einen Augenblick warten muss,
um anzufangen, die Welt zu verbessern.*

Anne Frank

Einführung

Ich widme dieses Buch und meine Dankbarkeit all meinen begnadeten und mitfühlenden Lehrern, die mit mir den Weg zur Heilung, den Weg zur Wahrheit gemeinsam gegangen sind. Meine Absicht ist es, mit Ihnen die Essenz dessen, was sie mir beigebracht haben, so zu teilen, dass Sie, wenn Sie sich dafür entscheiden, sofort davon profitieren können.

Ich bekomme häufig Kopfschmerzen, mal mehr, mal weniger stark, Migräne, Spannungskopfschmerzen und verschiedene andere Arten von Schmerzen. Nennen Sie mir einen Schmerz, ich kenne ihn. Die Kopfschmerzen habe ich seit über 20 Jahren; andere Schmerzen solange ich mich erinnern kann. Einige setzen mich für mehrere Tage außer Gefecht, andere machen mich nur mürrisch, und es ist dann nicht angenehm, in meiner Nähe zu sein. Auch jetzt, als ich mich endlich hinsetze um zu schreiben, habe ich Kopfschmerzen.

Ich habe länger als ein Jahr darüber nachgedacht, dieses Buch zu schreiben. Und ich weiß jetzt, dass ich mein gesamtes Leben damit verbracht habe, die Informationen und Erfahrungen zu sammeln, die für dieses Projekt verwendet werden.

Sie denken vielleicht: „Warum sollte ich jemandem zuhören, der über die Vier Schritte zur Heilung schreibt, aber immer noch Kopfschmerzen hat?" Meine Kopfschmerzen und all die anderen körperlichen Schmerzen, mit denen ich lebe, sind genau der Grund, warum ich dieses Buch schreibe. Sie werden das ganze Buch lesen müssen, um zu einem vollen Verständnis zu gelangen, was ich damit meine. Ich kann es Ihnen nicht verdenken, wenn Sie das Buch an diesem Punkt weglegen, obwohl ich Sie bitte, es wegzugeben, anstatt es wegzuwerfen. Aber ich vermute, Sie haben ein lästiges Problem, das Sie gerne lösen würden, sonst hätten Sie dieses Buch gar nicht erst in die Hand genommen. Ich freue mich, dass Sie so neugierig und aufgeschlossen sind, um über das nachzudenken, was ich zu teilen habe. Und dann ermutige ich Sie, auszuprobieren was ich vorschlage, bevor Sie Ihr Urteil fällen. Wenn Sie es richtig einsetzen, werden Sie eine Lebenskunst erlangen, die Ihnen hilft und mit der Sie jedem, den Sie kennen, auf eine Art und Weise helfen können, die jenseits aller Vorstellungskraft liegt. Ich wünsche mir, dass Sie es meistern und es dann mit anderen teilen. Sie werden sehen, dass Sie es teilen müssen, um es zu meistern. Deshalb schreibe ich dieses Buch. Ich möchte diese Fähigkeit teilen, damit ich sie beherrsche und dadurch allen Kopfschmerzen, Schmerzen und Krankheiten, einschließlich meiner eigenen, ein Ende bereiten kann.

Macht das überhaupt Sinn? Wahrscheinlich noch nicht.

Hintergrund

Ich war als Arzthelferin in der medizinischen Grundversorgung tätig. Jetzt bin ich im Ruhestand. Während der meisten Zeit meines beruflichen Werdegangs habe ich mit fortschrittlichen Ärzten zusammengearbeitet, die mich ermutigt und unterstützt haben, mich in alternativen Heilmethoden weiterzubilden. Ich habe Akupunktur gelernt mit Schwerpunkt auf der japanischen Hara Diagnostic

Meridian Therapy Methode. Ich habe Homöopathie gelernt und Entspannungstechniken, einige Formen der subtilen Körperarbeit und Desensibilisierung der umweltbedingten Reaktionsfähigkeit. Meine Praxis der medizinischen Versorgung umfasste die Unterstützung bei der Behandlung von chronischen Schmerzen, wobei ich mich hauptsächlich auf Akupunktur als mein wichtigstes therapeutisches Werkzeug verlassen habe. Ich fand es außergewöhnlich effektiv, außer wenn ich es an mir selbst ausprobiert habe. Kurioserweise scheint Akupunktur bei mir nicht so gut zu funktionieren. Natürlich habe ich die meisten dieser Methoden gelernt, um anderen zu helfen, aber ich habe sie auch an mir selbst ausprobiert. Manchmal hatte ich Ergebnisse, aber meistens blieben meine Schmerzen. Es gab aber auch viele Menschen, die gut auf diese Methoden reagiert haben, jedoch hat nicht jede Methode jedem geholfen.

Warum ist das so? Wenn diese Behandlungsmethoden die tatsächliche Ursache für Heilung sind, sollten sie dann nicht immer funktionieren? Und wenn sie nicht immer funktionieren, wie können wir uns dann darauf verlassen, dass sie helfen? Die Wahl der Behandlung erfolgt nach einer persönlichen Einschätzung und führt entweder zu einem Treffer oder zu einem Fehlschlag. Es ist erfreulich, sie richtig getroffen zu haben und zu sehen, wie das Problem eines anderen gelöst ist. Doch, wie meine jahrelange Erfahrung zeigt, entwickeln Patienten unweigerlich ein anderes körperliches Problem, das dann auf unsere gewählte Behandlungsmethode reagiert oder auch nicht.

Ich habe oft gedacht: Gibt es nicht eine Möglichkeit für Menschen, wirklich gesund zu sein? Ist es nicht möglich, dass jemand ohne chronische Schmerzen oder chronische Krankheit durchs Leben geht? Schnupfen, verstauchte Knöchel, okay, hin und wieder.

Aber so viele Menschen haben fast ständig Beschwerden. Muss das sein? Warum kann ich ihnen nicht helfen? Warum kann ich nicht genau wissen, welche Methode für welche Person funktioniert? Gibt es etwas, das immer funktioniert?

Ich glaube, es waren diese Sehnsüchte in meinem Herzen, die meine spirituellen Lehrer in mein Leben gebracht haben. Über einen Zeitraum von etwa 15 Jahren enthüllten sie mir eine Methode des Denkens und Handelns, die die Antwort auf meine Fragen lieferte.

Sie haben sie nicht erfunden. Sie stammt aus den alten Schriften und der ununterbrochenen Linie von großen Lehrern. Die Methode und ihre Anwendung sind jedoch nicht speziell auf irgendeine spirituelle Tradition bezogen. Sie können einfach modifiziert werden, um zu der eigenen religiösen Tradition oder zum Fehlen einer eigenen religiösen Tradition zu passen. Religiöser Glaube ist für das Funktionieren von Ursachen und Wirkung nicht notwendig.

Grundlegende Annahmen

Fangen wir mit ein paar grundlegenden Annahmen an. Bitte akzeptieren Sie diese nicht einfach, sondern denken Sie sorgfältig darüber nach. Wenn Sie Ihnen nicht zustimmen können oder der logischen Schlussfolgerung, die daraus entsteht, dann vergessen Sie den Rest dieses Buches. Geben Sie das Buch jemand anderem. Aber wenn Sie das tun, schlage ich vor, dass Sie zu dieser Person sagen: „Ich hoffe, dieses Buch kann dir helfen." Denn dadurch wird früher oder später ein Buch, ein Seminar, ein Lehrer oder etwas ähnliches zu Ihnen kommen, das Ihnen helfen kann. Der Zusammenhang von Ursache und Wirkung funktioniert, ob es Ihnen passt oder nicht!

Annahme #1: Jeder möchte glücklich sein, emotional, geistig und körperlich, was auch beinhaltet, gesund zu sein.

Alles, was wir denken, sagen und tun, wird angetrieben von diesem tiefen Wunsch zu bekommen, was wir wollen und zu vermeiden, was wir nicht wollen. Aber wie oft denken Sie wirklich: „Ja, ich bin total glücklich!"? Wenn Sie so sind wie ich, dann nicht sehr oft!

Annahme #2: Wir wissen anscheinend nicht, wie wir „uns glücklich machen" können, sonst würden wir nichts anderes mehr tun.

Uns glücklich zu machen ist so einfach wie einen Kuchen zu backen. Folge dem Rezept, und das Ergebnis ist ein Kuchen. Wir kennen das Rezept für Glück anscheinend nicht, sonst würden wir die ganze Zeit diesen Kuchen genießen. Wir würden denken: „Ja, ich bin so glücklich, ich glaube nicht, dass es noch besser werden kann …."

Annahme #3: Jedes existierende Ding, alles, was uns passiert, ist ein Ergebnis irgendeiner Ursache.

Nichts kann aus nichts kommen. Nichts ist eine zufällige Erscheinung. Es gibt eine Ursache für alles, und diese Ursache muss aus einer früheren Ursache stammen.

Logische Schlussfolgerung: Wenn wir glücklich sein wollen, muss es das Ergebnis irgendeiner Ursache sein.

Wenn wir wissen, wie wir die Ursachen für Glück erschaffen können und das dann tun, wird Glück das Ergebnis sein. Wenn wir lernen können, wie wir die Ursache für die Behandlung von Krankheit schaffen können, die zur Heilung der Krankheit führt, dann wird Heilung das Ergebnis sein. Diese Methode können wir auf alles anwenden.

Wir sprechen hier nicht über schnelle Lösungen oder wundersame Heilung, obwohl beides möglich ist. Zu lernen, wie man die Ursachen für Glück erschafft, ist eine Sache. Es tatsächlich zu tun, ist eine andere. Es erfordert konzertierte Anstrengungen, um sich neue Denk- und Verhaltensweisen anzueignen. Kaum jemand wendet sich jemals einem neuen Verhalten zu, nur weil sie oder er von einer Autoritätsperson dazu aufgefordert worden ist. Oder sogar nur, weil sie oder er gehört hat, wie jemand anderes davon profitiert hat. Anscheinend müssen wir wissen, wie etwas funktioniert, bevor wir bereit sind auszuprobieren, ob es passt. Ganz besonders gilt das für den Umfang, der nötig ist, um die Änderungen zu machen, über die wir hier sprechen.

Deshalb werde ich versuchen zu erklären, wie man Ursachen erschafft, die die gewünschten Ergebnisse bringen, anstatt ständig auf Ergebnisse zu reagieren, die das fortführen, was wir nicht wollen. Dann erkläre ich Ihnen die Vier Schritte, wie Sie diesen Prozess in Ihrem Leben anwenden können. Zu guter Letzt gebe ich Ihnen einen Leitfaden mit Werkzeugen, der Ihnen hilft, mit alten Gewohnheiten zu brechen und sich neue anzueignen.

Die Ursachen erschaffen, die die gewünschten Ergebnisse erzeugen

Geistige Samen

*„Kein Akt der Freundlichkeit, egal wie klein,
ist jemals verschwendet."*
Aesop

Gibt es einen Erwachsenen auf der Welt, der niemals diesen Grundsatz – in welcher Sprache auch immer – gehört hat: „Wir ernten, was wir säen"? Als Teenager und junge Erwachsene dachte ich: „Ja klar, was ich mache, kommt zu mir zurück." Aber es schien nicht wirklich wahr zu sein. Ich habe mich nicht in seine wahre Bedeutung vertieft, und so lebte ich nur vage danach. Ich war oft enttäuscht, wenn mir unangenehme Dinge passierten, während ich doch – aus meiner Sicht zumindest – anderen gegenüber so nett war.

Es gibt vier Dinge, die wir über diesen Grundsatz wissen müssen, und dann vier Arten, wie er sich uns offenbart. Dann gibt es zwei Methoden mit jeweils vier Schritten, wie wir diesen Grundsatz bewusst anwenden können, um die Ergebnisse zu erzielen, die wir haben wollen. Das scheint eine Menge zu sein, aber es ist einfacher als Lesen zu lernen, und das haben Sie gelernt, als Sie sechs oder sieben Jahre alt waren. Das hier können Sie auch lernen. Lassen Sie mich zuerst den Prozess erklären, wie das funktioniert, dann kommen wir zu dem, was mein Lehrer die 4x4 nennt.

Wir ernten, was wir säen.
Wir ernten nur, was wir gesät haben.
Wir können nicht ernten, was wir nicht gesät haben.
Und wir werden sicher ernten, was wir säen.

Lassen Sie uns den Vergleich mit einer Gärtnerin betrachten, die

ihren Gemüse- und Blumengarten bepflanzt. Angenommen, sie möchte Tomaten, Karotten, Salat und Gänseblümchen ernten. Sie weiß, dass sie dafür Tomatensamen, Karottensamen, Salatsamen und Gänseblümchensamen säen muss. Sie bereitet die Erde vor, indem sie Unkraut zupft, Erdklumpen aufbricht, nährstoffreichen Kompost hinzufügt und dann ihre Samen pflanzt. Sie bewässert den Boden, schützt die Setzlinge vor Schädlingen und zupft Unkraut aus, das wieder auftaucht. Sie pflegt und wartet, bis die Tomaten reif sind, der Salat groß und grün ist, die Möhren dick sind und die Gänseblümchen lächeln. Schließlich genießt sie die Früchte ihrer Arbeit. Wenn sie die 4x4 kennt, wird sie ihre Ernte mit anderen teilen, weil sie weiß, dass dies eine gute Ernte in der Zukunft sichert. Sie weiß, dass wenn sie in diesem Jahr eine gute

Samen für Freundschaft

Pamela Rasada
erzählte Sarahni Stumpf

Meine Freundin Pam hat ihrem achtjährigen Freund die Vier Schritte beigebracht.

„Ich will einen Freund", sagte er. „Also muss ich jemand anderem helfen, einen Freund zu finden, oder?"
„Richtig."
„Tante Pam, es funktioniert!", sagte der Junge zwei Wochen später.
„Was funktioniert?", fragte sie.
„Jemand anderem helfen, einen Freund zu finden. Ich habe einen Jungen, den ich immer alleine sah, einem anderen Jungen vorgestellt. Und jetzt sind wir alle drei Freunde. Es hat funktioniert!"

Ernte eingebracht hat, es daran liegt, dass sie ihre früheren Ernteerträge geteilt hat. Wenn sie in diesem Jahr keine gute Ernte erzielt hat, weiß sie, dass es ein gereiftes Ergebnis davon ist, dass sie ihre Ernte in der Vergangenheit nicht mit anderen geteilt hat.

Wie kann das sein? In Ihrem Verstand mögen sich Fragen auftun. Was, wenn es das erste Mal ist, dass sie gegärtnert hat? Wie konnte sie überhaupt ein Ergebnis erzielen? Viele geizige Menschen sind sehr reich. Viele großzügige Menschen haben nicht viel. Freundliche Menschen werden immer noch krank. Grausame Menschen können gesund sein. Wir werden all das nach und nach ansprechen. Lassen Sie mich Ihnen einen Weg zeigen, wie Sie das selbst untersuchen können.

Stellen Sie sich vor, dass ich vor Ihnen stehe. Ich halte einen Stift hoch, damit Sie ihn deutlich sehen können. (Das geht viel besser persönlich, also versuchen Sie es bald selbst.) Sie betrachten das Objekt und ich frage Sie: „Was ist das?" Sie antworten sofort: „Es ist ein Stift." Dann sage ich: „Aber was, wenn ein kleiner Hund reinkommt? Was sieht er? Was macht er damit?" Sie denken einen Moment nach, dann sagen Sie wahrscheinlich: „Er wird daran schnüffeln, dann nimmt er ihn in sein Maul und kaut darauf herum."

Also sieht der Hund ein Stöckchen oder ein Spielzeug und keinen Stift, oder?

Unser Verstand will darauf bestehen, dass der Hund auch einen Stift sieht, aber dann kaut er auf ihm herum, anstatt mit ihm zu schreiben. Wenn ich den Stift auf den Tisch lege und alle Menschen und alle Hunde den Raum verlassen, was ist er dann? Die Antwort ist, dass man es nicht sagen kann. Sie zucken mit den Schultern, das universelle Zeichen für „Ich weiß es nicht."

Was sagt das über die Identität und Funktion des Stiftes aus? Sie muss aus dem Geist desjenigen kommen, der ihn wahrnimmt. Denn wenn der Stift selbst eine Natur hat, wenn das Objekt selbst „Stift, Stift, Stift" ausstrahlt, dann müsste jeder, der ihn sieht, einen Stift sehen und ihn als Stift benutzen.

Aber dem ist nicht so. Der Hund sieht ein Kauspielzeug, eine Fliege sieht einen Landeplatz, ein menschliches Baby sieht etwas zu greifen. Also muss die Natur des Objekts vom Wahrnehmenden kommen, von dem Hund, der Fliege, dem Baby, und nicht vom Objekt selbst. Dies wird in den alten Schriften als „kein Selbst" bezeichnet, ein oft missverstandener Begriff.

Es bezieht sich auf die Identität eines jeden Objekts, abhängig davon, wer es wahrnimmt und was derjenige wahrnimmt. Das Objekt hat keine andere Identität. Das lässt das Objekt weder verschwinden, noch bedeutet es, dass alles gleichgültig ist. Die erstaunliche Schlussfolgerung daraus ist, dass alles alles sein kann. Aber nicht nur, indem ich es wünsche. Die Identität jedes Objekts, die aus dem Geist des Wahrnehmenden kommt, wird durch geistige Samen hervorgebracht. Es sind Abdrücke, die daraus entstanden sind, wie wir uns selbst gesehen haben, wie wir etwas gedacht oder gesagt oder etwas für andere getan haben. Was wir denken, sagen oder anderen gegenüber tun, sehen wir, und alles wird aufgezeichnet. Es wächst und vervielfältigt sich und reift dann in Form eines jeden Moments jeder Wahrnehmung.

Im Wesentlichen ist alles, was wir in jedem einzelnen Moment erleben, eine Widerspiegelung unserer vergangenen Verhaltensweisen. Und gleichzeitig bietet es uns die Möglichkeit, die Momente zu erschaffen, die wir in der Zukunft erfahren werden. Aus Gewohnheit reagieren wir auf unsere Erfahrungen und auf Menschen in ähnlicher Weise, wie wir sie geschaffen haben und setzen sie so fort. Dieses Verhalten ist das Reifen von Samen, die wir vorher gepflanzt haben. Aber wir können auch neues Verhalten erlernen. Wir können lernen, negative Samen zu schädigen und die Reifung von positiven Samen zu fördern. Und bald werden wir zu Menschen, die bewusst die Zukunft erschaffen, die sie wollen, anstatt fortzuführen, was sie nicht wollen.

Sie können dieses Konzept der „Nicht Eigen-Natur" selbst untersuchen. Nehmen Sie einfach irgendein Objekt und fragen Sie sich: Sieht irgendjemand auf der Welt das möglicherweise anders als ich? Letztendlich wird Ihnen bewusst werden, dass niemand das gleiche Objekt auf die gleiche Weise sieht. Sie werden erkennen, dass das unmöglich ist. Jetzt können Sie alles, was Sie tun und all ihre Gefühle auf diese Weise hinterfragen. Es gibt nichts, was Sie nicht untersuchen können. Es läuft immer wieder darauf hinaus, dass Sie erkennen, dass alles nichts anderes als eine Reifung geistiger Samen ist. Ihre endgültige Schlussfolgerung wird sein: Ich kann absichtlich geistige Samen pflanzen, die eine Zukunft voller Freude und Glück erschaffen, wenn ich anderen gegenüber freundlich bin und ihr Glück will. **Es ist wirklich ziemlich einfach. Der schwierige Teil ist, unsere Gewohnheiten zu ändern.**

Was bedeutet es zu sagen: „Wir ernten, was wir säen"? Wir „säen", indem wir uns bewusst sind, was wir anderen gegenüber denken, sagen und tun. Das ist auf alles anzuwenden, was wir als etwas anderes als uns selbst wahrnehmen. Alles, was wir Augenblick

Eine neue Vorgehensweise wählen

von Jay Nair,
Teilnehmer am Seminar „Vier Schritte zur Heilung"

Eines Tages entdeckte ich, dass meine acht großen Tomatenpflanzen von Raupen befallen waren. Ich spürte sofort den Drang, sie einzusammeln und zu zerquetschen, um meine Pflanzen und meine Ernte zu schützen. Aber da waren so viele – und ich weiß von geistigen Samen. Also habe ich beschlossen, ihnen einfach die Pflanzen zu überlassen. Genießt sie! Nach zwei Tagen waren die Pflanzen von Blättern befreit, mit nichts mehr als Stängel und Raupen. Zwei Wochen später jedoch begannen sie wieder auszutreiben, und es wurde die beste Tomatenernte, die ich je hatte. Andere, die sich die Geschichte während des Seminars anhörten sagten, dass dieses Jahr das schlimmste Raupen-Jahr in Sacramento gewesen sei. Niemand sonst hatte Tomaten!

für Augenblick denken, sagen oder tun wird von unserem Unterbewusstsein aufgezeichnet, als ob es ein ausgeklügeltes Aufnahmegerät gäbe, das alle unsere Handlungen, sogar unsere Gedanken, filmt. Es gibt keinen Moment, der nicht aufgezeichnet wird.

Wir „ernten" die Ergebnisse dieser Gedanken, Worte und Taten gegenüber anderen in jedem Moment unserer Erfahrung, und wir haben das Gefühl, dass all diese Wahrnehmungen von uns kommen und nicht von unseren reifenden geistigen Samen. Unser geistiges Abspielgerät projiziert diesen ganzen Augenblick-für-Augenblick-Film von Erfahrungen auf uns zurück. Aber es gibt eine Verzögerung, meistens eine sehr lange, zwischen der ursprünglichen Aufnahme und der Wiedergabe dieses Teils des Films. Während dieser Verzögerung entwickelt sich unser Missverständnis darüber, wie die Dinge funktionieren und woher sie kommen. Es ist, als ob die Aufnahmen über Pluto hinaus gesendet werden und dann zu uns zurück kommen. Wenn sie zurück sind, haben wir vergessen, dass wir die Aufnahmen selbst gemacht haben. Was auch geschieht, wir schieben anderen Dingen oder Menschen die Schuld zu, anstatt unseren eigenen vergangenen Taten.

Wir nennen diese Augenblicke der Aufnahmen geistige Samen oder Abdrücke in unserem Geist.

Geistige Samen und die Vier Gesetze

Das Verständnis der vier Hauptprinzipien der geistigen Samen hilft uns, diese Weisheit in unserem Leben anzuwenden.

1. „Sie sind gewiss", sagen die alten Schriften.
Geistige Abdrücke von Handlungen gegenüber anderen, die wir als angenehm, freundlich und hilfreich empfinden, werden auf jeden Fall in angenehme Erlebnisse reifen. Wenn Sie bewusst jemandem die Tür aufhalten, der die Hände voll hat, pflanzt das Samen in ihrem Geist, die eines Tages so reifen, dass Sie wahrnehmen, wie Ihnen jemand auf irgendeine Weise hilft. Wenn Sie wahrnehmen, dass Sie jemandem in irgendeiner Weise Schaden zufügen, pflanzt es Samen in Ihrem Geist, die eines Tages so reifen, dass Sie wahrnehmen, wie jemand Ihnen Schaden zufügt. Sie erleben vielleicht eine unerwünschte Arzneimittelreaktion, einen Autounfall oder Schlimmeres. Samen sind in dem Sinne gewiss, dass Samen der Freundlichkeit und des Guten angenehme Ergebnisse bringen und Samen der Unfreundlichkeit und des Unguten unangenehme Ergebnisse bringen. Es kann niemals anders sein. Ein Tomatensamen kann nicht zu einer Brennessel werden, egal was wir machen.

2. Samen wachsen.
Wenn ein geistiger Abdruck aufgezeichnet wird, wird er von jedem weiteren Abdruck beeinflusst. Ein jeder wächst, verschiebt sich und bereitet sich auf seine Reifung in Ergebnisse vor. Je länger es dauert, umso größer wird er und umso öfter multipliziert er sich. Genauso wie ein einzelner Tomatensamen eine riesige Tomatenpflanze mit vielen, vielen Tomaten hervorbringt (genug, um sie zu teilen!). Und jede dieser Tomaten hat sehr viele Tomatensamen. Unsere geistigen Samen machen dasselbe. Sie bringen die gesamte Erfahrung unserer Welt hervor, in jedem Moment unseres Lebens. Es ist außergewöhnlich und wundersam, ein System, das solche Vielfalt und unendliche Möglichkeiten schafft. Wenn wir also sehen, wie wir jemandem, der die Hände voll hat, freundlich die Tür aufhalten, wird das nicht nur als ein Moment reifen, in dem uns jemand hilft. Uns wird auf viele verschiedene Arten und Weisen geholfen werden. Das Gleiche gilt, wenn wir jemandem Schaden zufügen. Der Samen wird wachsen und sich vermehren.

3. Ein nicht gepflanzter Samen kann kein Ergebnis bringen.
„Das ist klar", sagen Sie. Aber wir glauben es nicht wirklich. Wir haben oft das Gefühl, dass wir das, was wir erleben, nicht verdient haben. Denken Sie an das letzte Mal, als jemand wütend auf Sie war. Haben Sie nicht gedacht, Sie hätten das nicht verdient? Und wie haben Sie reagiert? Wenn Sie so sind wie ich, sind Sie wahrscheinlich auch wütend geworden, haben Ihre Unschuld beteuert und versucht, mit Ihrer eigenen Wut die Wut des anderen zu übertrumpfen. Hoppla! Wir haben gerade eine neue Serie von Samen gepflanzt. Sie werden wachsen und sich vermehren und zu neuen hässlichen Situationen werden, in denen andere auf uns wütend sind.

Was wäre, wenn wir anstatt mit Wut und Selbstverteidigung zu reagieren, denken: „Oh, hier reift ein unschöner geistiger Samen, den ich in der Vergangenheit durch Ärger gepflanzt habe. Dieses Unkraut will ich sicher nicht nochmals pflanzen." Als Erwiderung sagen wir stattdessen: „Es tut mir leid, dass du wütend auf mich bist. Wie kann ich dir helfen?" Vielleicht verfliegt damit die Wut des anderen, vielleicht auch nicht, aber wenn wir standhaft bleiben (wir könnten auch einfach schnell weglaufen), haben wir einen neuen Samen gepflanzt. Dadurch wird, wenn wir in der Zukunft wütend werden, der andere dann mit Freundlichkeit reagieren. Indem wir nicht mit Ärger reagieren, haben wir auch einen kleinen Teil unserer früheren Wut-Samen ausgerissen, und dadurch werden unsere ärgerlichen Reaktionen insgesamt weniger. Wir können diese Samen völlig ausreißen, wenn wir uns mit ganzem Herzen einsetzen. Stellen Sie sich vor, Sie wären niemals wieder wütend, gereizt, frustriert, nachtragend! Das ist möglich. Es gibt nichts, was uns bewusst ist, nichts, was uns passieren kann, angenehm oder unangenehm, das nicht das Ergebnis davon ist, wie wir uns wahrnehmen, wenn wir etwas denken, sagen oder anderen gegenüber etwas tun. Es ist egal, ob wir uns bewusst daran erinnern oder nicht. Ein nicht gepflanzter Same kann kein Ergebnis bringen.

4. Ein gepflanzter Same muss ein Ergebnis liefern.
Kein geistiger Same verschwindet einfach. Das Aufnahmegerät bricht niemals ab oder überspringt eine Aufnahme. Absolut jede Wahrnehmung wird aufgezeichnet, wächst, multipliziert sich, wird von jeder anderen Wahrnehmung beeinflusst und reift schließlich zu einem Ergebnis: angenehm von angenehm, unangenehm von unangenehm. Das ist der ganze Prozess der Schöpfung, an sich eine wunderbare Schöpfung, narrensicher. Wenn wir wirklich da-

nach leben könnten, könnten wir den Himmel auf Erden erschaffen, fortwährende vollkommene Freude und liebevolle Güte für jedes Wesen, einschließlich uns selbst.

Warum machen wir das nicht? Warum können wir es nicht so sehen? Wegen der Verzögerung zwischen dem Pflanzen des Samens und dem Reifen des Ergebnisses. Wir werden getäuscht, oder besser gesagt, wir haben uns selbst getäuscht in dem Glauben, dass das, was wir in diesem Moment tun, die Ursache für das Ergebnis ist, welches wir im nächsten Moment bekommen. Aus irgendeinem verrückten Grund leben wir damit, zweifeln es nie an, selbst wenn das, was wir gerade tun, uns mal wieder nicht das Ergebnis bringt, das wir erwarten. Warum akzeptieren wir das einfach, ohne uns zu fragen, was in der Welt vor sich geht?

Wenn ich merke, dass ich Kopfschmerzen bekomme, nehme ich ein Aspirin. Ich nehme zwei mit einem Glas Wasser und erwarte, dass meine Kopfschmerzen innerhalb einer Stunde weg sind. Ich denke, etwas im Aspirin hat die Fähigkeit, diese Kopfschmerzen zu beenden. Nun, manchmal funktioniert es und manchmal nicht. Was sagt das aus über die Fähigkeit des Aspirins, meine Kopfschmerzen zu beseitigen? Wenn – wie ich glaube – die Ursache für das Aufhören meiner Kopfschmerzen im Aspirin liegt, dann würden jedes Mal, wenn ich das Aspirin nehme, die Kopfschmerzen verschwinden. Aber es funktioniert nur manchmal. Manchmal verschwinden meine Kopfschmerzen, nachdem ich Pommes gegessen habe! Aber nicht immer. Was ist da los? Damit etwas die Ursache für etwas anderes sein kann, muss es immer zu diesem Ergebnis führen. Im Übrigen ist noch ein anderer Faktor beteiligt, der für das Ergebnis notwendig ist, statt. Wenn das Aspirin gegen meine Kopfschmerzen hilft, dann, weil meine geistigen Samen reifen, die ich gepflanzt habe, indem ich vorher jemandem gehol-

Täglich Samen der Liebe pflanzen

von Jan Henrikson

Während ich Auto fahre, sende ich oft Liebe an alle Autos im Verkehr und stelle mir vor, dass alle unsere Wünsche erfüllt werden, oder dass wir alle in diesem Moment Freude empfinden. Wir sind eine einzigartige Zusammenstellung von Menschen, die auf diese Weise nie wieder zusammen sein werden, also müssen wir eine Art Geistesverbindung haben. Ich habe die Gelegenheit, Liebe an Orten und auf Arten zu verbreiten, an die ich normalerweise nicht denken würde. Wenn ich Radfahrer vorbeifahren sehe oder Jogger an mir vorbeilaufen, schicke ich ihnen die Botschaft: „Du schaffst es! Du hast grenzenlose Energie." Wenn ich sehe, wie jemand langsam und sichtlich mit Schwierigkeiten über die Straße geht, sende ich den Gedanken: „Du hast viel Zeit. Es gibt keine Eile." Wenn ich Neugeborene sehe, begrüße ich sie auf dem Planeten; ich sage ihnen, sie sollten sich daran erinnern, wer sie sind und ich umhülle sie mit Liebe. Nachdem ich all diese Samen gepflanzt habe, ist es kein Wunder, dass eine neue Liebe zu mir gefunden hat. Sein Name ist Jeff, und er ist zufällig Gärtner.

fen habe, sich besser zu fühlen. Also geht es mir besser. Und es scheint, dass das Aspirin gute Arbeit geleistet hat und das hat es. Das Aspirin ist ein Vehikel, ein beteiligter Faktor, wodurch meine reifenden Samen zu mir gelangen. Wenn das Aspirin nicht hilft, dann, weil Samen aus Zeiten reifen, in denen ich eine Gelegenheit hatte, jemandem zu helfen sich besser zu fühlen, und ich mich nicht darum bemüht habe. Und so mache ich die Erfahrung, dass das Aspirin nicht wirkt.

Wenn es keine Verzögerung zwischen dem Pflanzen von Samen und ihren gereiften Ergebnissen gäbe, dann würden jedes Mal, wenn wir einen Käfer zertreten, unsere eigenen Rippen brechen. Wie viele Käfer müssten Sie zertreten, bevor Sie herausgefunden haben, dass Sie das nicht tun sollten? Wenn Sie schwer von Begriff wären, einen, wenn Sie von der Erfahrung eines anderen lernen könnten, gar keinen. Was wäre, wenn jedes Mal, wenn Sie jemandem Geld gegeben haben, eine Einzahlung auf Ihr Bankkonto erfolgt wäre? Wenn Sie es einmal herausgefunden hätten, würden Sie nicht bei jeder sich bietenden Gelegenheit Geld hergeben? Auf diese Weise würden Sie immer genug zu verschenken haben. Was wäre, wenn alle das machen würden? Was wäre, wenn wir jedem, der sich nicht gut fühlt, versuchen zu helfen, sei es nur durch ein Lächeln oder eine nette Bemerkung oder auch nur mit einem lieben Gedanken?

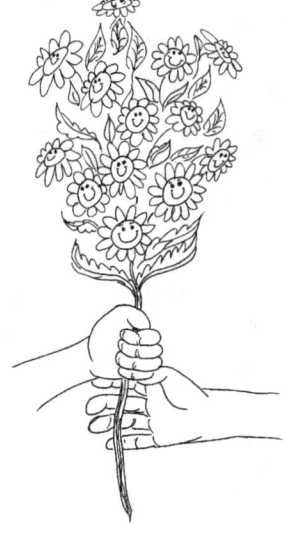

Die Vier Blumen

*Um den menschlichen Körper zu heilen, ist es notwendig,
Kenntnisse über das Ganze der Dinge zu haben.*
Sokrates

Ich stelle mir vor, Sie fragen sich jetzt: „Was hat das alles mit Heilung zu tun?" Wir kommen dazu. Aber es gibt noch ein paar Dinge, die wir über geistige Samen wissen müssen. Mein Lehrer nennt sie die Vier Blumen, die vier Arten, wie Samen reifen.

1. Jeder geistige Samen wird als ein ähnliches Ereignis reifen, das zu uns zurückkommt.
Ihr Essen mit jemandem zu teilen, der hungrig ist, reift darin, dass jemand mit Ihnen teilt, was Sie brauchen. Das Hamstern aller Tomaten reift darin, dass Ihr Garten keine Tomaten abwirft oder darin, dass Sie nicht bekommen, was Sie wollen, weil jemand anderes alles hortet.

2. Geistige Samen reifen als die Gewohnheit, so zu reagieren, wie wir es getan haben, als wir sie gepflanzt haben.
Wenn ein Samen reift als jemand, der wütend auf uns ist, reagieren wir, indem wir wütend werden, und dadurch führen wir diese unschöne Situation fort. Wenn ein Samen reift als jemand, der uns mag oder bewundert, reagieren wir – normalerweise – indem wir ihn mögen oder bewundern.

3. Samen reifen als Bedingungen und Menschen in unserer Umgebung, die das Verhalten widerspiegeln, das den Samen gepflanzt hat, und die dann dessen Fortbestand fördern.
Wenn wir die geistigen Samen pflanzen, andere anzulügen, werden wir Erfahrungen reifen lassen, wie wir zum Beispiel in Früchte beißen, die reif und köstlich aussehen, aber tatsächlich geschmacklos oder verfault sind. Die Frucht hat uns „angelogen", indem sie attraktiv und schmackhaft aussieht, aber ihrem Aussehen nicht gerecht wird. Darüber hinaus befinden wir uns inmitten von anderen, die uns belügen und die uns nicht glauben, selbst wenn wir ehrlich sind, was das Verhalten des Lügens wiederum verstärkt. Auf der anderen Seite werden die reifenden Samen des Sich-Kümmerns um andere, wie zum Beispiel die Rettung eines geschlagenen Hundes und seine Pflege als eine Umgebung reifen, in der für uns gesorgt ist. Jemand wird da sein, um uns zu retten, wenn wir es brauchen. Verstehen Sie?

4. Geistige Samen gehen niemals aus.
Diejenigen, die diesen Prozess direkt in einem tiefen Zustand der Meditation gesehen haben, sagen uns, dass geistige Samen sich mit 65 einzelnen Samen pro Sekunde einprägen und ebenso mit einer Rate von 65 einzelnen Wahrnehmungen pro Sekunde reifen. Während der langen Verzögerung zwischen dem Pflanzen und dem Reifen vermehren sie sich. Es sind immer genug vorhanden, um im nächsten Moment zu reifen. Sie werden Ihnen niemals ausgehen. Das ist ermutigend und erschreckend zugleich. Erschreckend, weil so viele dieser sich schnell vervielfältigenden Samen mit Selbstsucht gepflanzt wurden, sodass sie unangenehm reifen werden. Ermutigend, weil Sie niemals keine geistigen Samen pflanzen und reifen lassen. Mit Sicherheit werden wir letztendlich alle heraus-

Ein anderes Ergebnis erschaffen

Pamela Rasada
erzählte Sarahni Stumpf

Während des Kurses „Vier Schritte zur Heilung" erlitt Pam eine ihrer chronisch wiederkehrenden Rückenverspannungen. Üblicherweise brauchte sie einige Tage Bettruhe und zusätzlich mehrere chiropraktische Behandlungen, um wieder beschwerdefrei zu sein. Diesmal nahm sie einen Freund mit zum Chiropraktiker, damit er auch Behandlungen bekommen konnte. Innerhalb weniger Tage waren ihre Rückenschmerzen vollständig verschwunden. Ihr Chiropraktiker wunderte sich, dass Pam diesmal so schnell auf die Behandlung reagiert hatte, obwohl die Verspannungen genauso schlimm waren wie früher.

finden, wie wir nur Samen von liebender Güte pflanzen, damit wir diesen Himmel auf Erden für alle reifen lassen können.

> *Dies aber sage ich:*
> *Wer sparsam sät,*
> *wird auch sparsam ernten,*
> *und wer segensreich sät,*
> *wird auch segensreich ernten.*
> 2. Korinther 9:6

„Aber was ist mit all diesen Samen der Selbstsüchtigkeit, die bereits da sind?", könnten Sie fragen. Wenn sie sich schneller vermehren als sie reif werden, scheint es, als ob wir für endlose Zeit zum Leiden verdammt sind; selbst wenn wir nie wieder einen solchen Samen pflanzen, was unwahrscheinlich ist, oder?

Gute Frage. Meine Lehrer sagen, wenn sie an diesem Punkt Angst bekommen, haben Sie ein wirklich gutes Verständnis von der Natur des Prozesses. Machen Sie sich keine Sorgen. Diese Zeitverzögerung ist auch das Geschenk, das uns den Raum gibt, an unseren alten Gewohnheiten zu arbeiten. Wir müssen nicht sofort bei jedem Gedanken zu einem strengen Polizisten werden. Durch unser wachsendes Bewusstsein für den Prozess und die Praxis der 4x4 wird es für uns immer selbstverständlicher, mit Aufmerksamkeit zu denken, zu sprechen und zu handeln, unter Berücksichtigung dessen, was wir damit pflanzen. Dies ermöglicht uns, eine bessere Wahl in Bezug auf unsere Handlungen zu treffen.

Die Vier Schritte und die Vier Kräfte

Das bringt uns zu den beiden Methoden, diese Weisheit in unserem täglichen Leben anzuwenden. Die eine Methode ist „Die Vier Schritte", um das zu pflanzen, was wir wollen. Die andere Methode ist „Die Vier Kräfte", um das zu beseitigen, was wir nicht wollen. Wir lernen, wie sie auf Heilung (von allem) angewendet werden können. Das ist wahrscheinlich das, was Sie gesucht haben, als Sie dieses Buch aufgeschlagen haben.

Die Vier Schritte

Die Vier Schritte, um das zu erschaffen, was wir wollen, sind die vier entscheidenden Punkte, die notwendig sind, um die Verzögerung zwischen dem Pflanzen der geistigen Samen für das gewünschte Ergebnis und dem Reifen dieser Samen in dieses Ergebnis zu verkürzen.

Die Vier Schritte:
1. Genaue Festlegung
2. Planung
3. Absichtliche Handlung
4. Freude über die Tat

Die Vier Kräfte

Die Vier Kräfte, um zuvor gepflanzte Samen, deren Ergebnisse wir nicht wollen, zu entkräften, sind die vier entscheidenden Punkte, die notwendig sind, um diese Samen zu beschädigen, sodass sie nicht reifen oder weniger ernsthaft reifen. Diese Methode hilft uns auch, damit aufzuhören, sie regelmäßig neu zu pflanzen.

Die Vier Kräfte:
1. Erkennen
2. Bedauern
3. Ausgleichshandlung
4. Zurückhaltung

Alle vier Teile sowohl der Vier Schritte als auch der Vier Kräfte müssen angewendet werden, damit sie vollständig funktionieren. Für uns ist es wichtig, dass wir die Ergebnisse unserer Bemühungen innerhalb eines überschaubaren Zeitraums sehen, damit wir uns selbst beweisen können, dass diese Weisheit wahr ist. Wenn wir diese Verhaltensweisen meistern, werden wir feststellen, dass wir mit zunehmender Klarheit die wahren Ursachen unserer Erfahrungen kennen. Das wird unser neues Verhalten verstärken, wodurch es einfacher für uns wird, es auszuüben. Wir stellen fest, dass wir glücklicher werden, weil es Spaß macht, das Leben auf diese Art und Weise zu leben. Wir erschaffen Freundlichkeit und angenehme Ergebnisse, selbst wenn ab und zu noch Unfreundlichkeits-Samen reifen. Wir werden dahin kommen, dass wir es sogar genießen, Unangenehmes als Möglichkeiten zu nutzen, diese Samen zu verbrennen, ohne sie neu zu pflanzen. Stattdessen pflanzen wir immer mehr Freundlichkeits-Samen.

Das Erlernen der Vier Schritte

Schritt 1: Die genaue Festlegung

Wir müssen das gewünschte Ergebnis genau festlegen. Nur dann können wir genau herausfinden, welche Samen wir dafür pflanzen müssen. Die Gärtnerin verteilt nicht einfach eine unbestimmte Samenmischung, denn sie will mit ihren Bemühungen ja bestimmte Ergebnisse erzielen. Sie weiß, dass sie Gänseblümchensamen pflanzen muss, wenn sie Gänseblümchen haben möchte. Wenn sie Gänseblümchen bekommt, wird sie nicht enttäuscht sein, dass sie keine Nelken bekommen hat. Meistens pflanzen wir die falschen Samen für die Ergebnisse, die wir eigentlich wollen, weil wir im Reaktions-Modus statt im Erschaffungs-Modus sind. Normalerweise beschuldigen wir dann jemand anderen dafür, dass wir nicht bekommen, was wir uns erhofft haben.

Vielleicht werden Sie und ein Kollege für eine Beförderung in Betracht gezogen. Sie glauben, dass Ihre Beförderung sicher ist, wenn Sie die Verwaltung auf die Fehler des Kollegen aufmerksam machen und Ihre eigenen Fähigkeiten aufwerten. Aber dann werden Sie nicht befördert. Woraus ist der Samen gereift, dass Sie nicht ausgewählt wurden? Aus einer Zeit, in der Sie verhindert haben, dass ein anderer zuerst befördert wird.

„Diese dumme Verwaltung verpasst eine große Chance", denken Sie. „Ich wäre die bessere Person für den Job." Sehr wahrscheinlich wird sich Ihr Ärger negativ auf die Beziehung sowohl zu der Verwaltung als auch zu Ihrem frisch beförderten Kollegen auswirken. Die Schuldzuweisungen und der Ärger gegenüber der

Verwaltung pflanzt Samen dafür, dass Ihnen Schuldzuweisungen und Ärger entgegengebracht werden. Oje. Das machen wir oft, nicht wahr?
Finden Sie stattdessen jemanden, der gerne für etwas ausgewählt werden möchte – für ein Spiel, einen Club, ein Team – und stellen Sie seine Qualitäten bei demjenigen ins Rampenlicht, der die Entscheidung trifft. Dies wäre ein klügeres Verhalten, um die Samen für das ersehnte Ergebnis zu erschaffen: dass Sie für die nächste Beförderung ausgewählt werden.

> *Jeder Gedanke ist ein Samen.*
> *Wenn Sie Holzäpfel pflanzen,*
> *rechnen Sie nicht damit,*
> *dass sie Golden Delicious ernten werden.*
> Bill Meyer

Wenden wir Schritt 1 auf Heilung an.

Ich gehe davon aus, dass Sie irgendein gesundheitliches Problem haben, das sich negativ auf Ihr Wohlbefinden auswirkt. „Das ist noch milde ausgedrückt", denken Sie vielleicht gerade! Der Schritt der genauen Festlegung sagt klar und deutlich, was wir durch die Anwendung unserer Vier-Schritte-Handlungsweise erreichen wollen. Wir formulieren, was wir erreichen wollen.
Unsere prägnante Aussage zur genauen Festlegung könnte sein:
Ich will von meinem/r _____ geheilt werden.
Oder *Ich will von meinem/r _____ kuriert werden.*
Oder vielleicht für diejenigen, die etwas zaghafter sind:
Ich will eine effektive Methode, um mit meinem/r _____ umzugehen.

Oder sogar: Ich will, dass mein Vater von seinen Schmerzen und Einschränkung durch die Arthritis entlastet wird.

Wenn wir unsere „Ich will ..."-Aussage machen, gibt es einige Dinge, die wir im Auge behalten müssen.

Erstens sprechen wir zu unserem Unterbewusstsein sowie zum gesamten Universum, die uns beide sehr wörtlich nehmen. Wir denken vielleicht, wir sind sehr klar, aber unterschwellig könnten Annahmen vorliegen, die uns nicht bewusst sind. Zum Beispiel könnten wir die Aussage machen: „Ich möchte, dass meine Kopfschmerzen aufhören." Das scheint deutlich genug zu sein, aber eine Möglichkeit, dass meine Kopfschmerzen aufhören, ist dass ich sterbe. Das ist nicht mein beabsichtigtes Ergebnis. Oder vielleicht sagen wir: „Ich will schmerzfrei sein." Aber die Schmerzwahrnehmung ist ein notwendiges Werkzeug, um Gefahr zu erkennen, zum Beispiel wenn wir eine heiße Pfanne berühren und schnell die Hand wegziehen, bevor sie ernsthaft verletzt wird. Wir wollen nicht wirklich schmerzfrei sein; wir wollen frei sein von Not oder Leiden.

Zweitens, erinnern Sie sich daran, dass wir die geistigen Samen, die als Ursache dienen, pflanzen müssen, um unser angestrebtes Ergebnis zu erzielen. Das heißt, wir müssen erleben, wie wir jemand anderem mit einem Gesundheitsproblem helfen. (Schritte 2 und 3 kommen gleich!) Wenn wir also unsere „Ich will ..."-Aussage machen – eine für die es scheinbar ein Wunder braucht – dann müssen wir die Fähigkeit haben, jemand anderem zu helfen, ein Wunder zu erleben. Wenn Sie glauben, dass Sie das nicht können, dann bitten Sie nicht darum. Andererseits, je besser wir in den Vier Schritten werden, umso erstaunlicher werden die Ergebnisse sein.

Bevor wir unsere „Ich will ..."-Aussage machen, lassen Sie uns einen Blick darauf werfen, was wir unter Heilung verstehen. Wo-

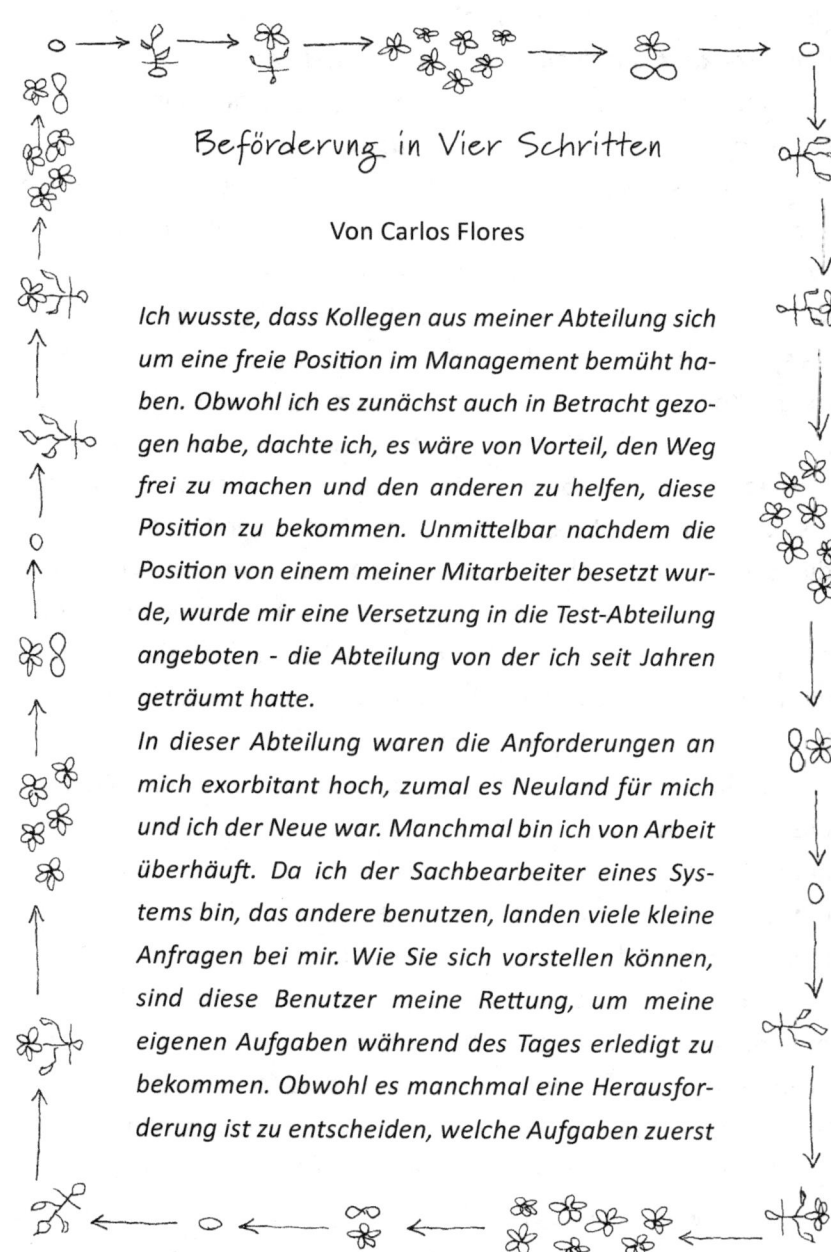

Beförderung in Vier Schritten

Von Carlos Flores

Ich wusste, dass Kollegen aus meiner Abteilung sich um eine freie Position im Management bemüht haben. Obwohl ich es zunächst auch in Betracht gezogen habe, dachte ich, es wäre von Vorteil, den Weg frei zu machen und den anderen zu helfen, diese Position zu bekommen. Unmittelbar nachdem die Position von einem meiner Mitarbeiter besetzt wurde, wurde mir eine Versetzung in die Test-Abteilung angeboten - die Abteilung von der ich seit Jahren geträumt hatte.

In dieser Abteilung waren die Anforderungen an mich exorbitant hoch, zumal es Neuland für mich und ich der Neue war. Manchmal bin ich von Arbeit überhäuft. Da ich der Sachbearbeiter eines Systems bin, das andere benutzen, landen viele kleine Anfragen bei mir. Wie Sie sich vorstellen können, sind diese Benutzer meine Rettung, um meine eigenen Aufgaben während des Tages erledigt zu bekommen. Obwohl es manchmal eine Herausforderung ist zu entscheiden, welche Aufgaben zuerst

DAS GEHEIMNIS DES HEILENS

zu erledigen sind, gebe ich meistens den Anfragen der anderen den Vorzug. Irgendwie werden meine eigenen Aufgaben auf magische Art in angemessener Zeit erledigt.

her kommt sie? Warum funktionieren Behandlungen manchmal und manchmal nicht?

Nach dem Wörterbuch (Random House Dictionary of the English Language, College-Ausgabe 1968!) [deutsch, Duden online]:

KUR: lateinisch cura = Sorge, Fürsorge, Pflege; bestimmtes, unter ärztlicher Aufsicht und Betreuung durchgeführtes Heilverfahren; Heilbehandlung

HEILBEHANDLUNG: Wiederherstellung; (umgangssprachlich) Verarztung; (Medizin) Nachsorge, Sanation; (Medizin, Psychologie) Therapie, Therapierung, Besserung, Wiederherstellung; (gehoben) Genesung, Genesungsprozess, Gesundung; (Biologie, Medizin) Regeneration; (Medizin) Rekonvaleszenz

GESUNDHEIT: Zustand oder bestimmtes Maß körperlichen, psychischen oder geistigen Wohlbefindens; Nichtbeeinträchtigung durch Krankheit

GEGENMASSNAHME (REMEDY im engl. Original): Beseitigung, Abschaffung von Missständen; Abhilfe

Spannenderweise hatten alle diese Worte für mich ganz bestimmte Assoziationen, als ich im medizinischen Bereich tätig war. „Kur" bedeutete: alle Symptome waren weg, der normale Gesundheitszustand wieder hergestellt. „Heilung" bedeutete: das Leiden war beseitigt, unabhängig davon, ob die Symptome anhielten. Aber je mehr Erfahrung ich hatte, desto weniger Unterschied fand ich zwischen diesen beiden. Bei einigen Patienten wurde das Krankheitsbild wieder normal, aber ihr Leiden blieb bestehen. Manche Menschen hatten ein schreckliches Krankheitsbild, aber kein offensichtliches Leid. Einige Leute, so wie ich, hatten kein Krankheitsbild, aber schwerwiegende chronische körperliche Leiden.

Was ist diese „gute Gesundheit", die wir alle wollen? Warum haben wir sie nicht? Woher kommt sie? Wie bekommen wir sie zurück? Warum wirken Medikamente manchmal und manchmal nicht oder für manche Leute und für andere nicht?

Sie kennen bereits die Antwort: geistige Samen.

Aber welche Art von Samen? Wenn wir vage Samen für gute Gesundheit pflanzen, bekommen wir vage Ergebnisse für gute Gesundheit. Wir sollten so klar wie möglich sein. Dennoch gibt es keine absolute Antwort darauf, was „gute Gesundheit" ist. Der Grad an Gesundheit, der von einem Extrembergsteiger als gut wahrgenommen wird, ist vollkommen anders als der, der von einer 98-jährigen Person, die im Altersheim lebt, als gut wahrgenommen wird. Wir können nicht wirklich sagen, einer ist besser als der andere; er ist einzigartig für jede einzelne Person und ihre Umstände. Überlegen Sie genau, was die Eigenschaften von guter Gesundheit für Sie sind. Machen Sie eine Liste. Sie können sie immer wieder durchgehen, um die Messlatte für Ihre gute Gesundheit zu aktualisieren, wenn Sie wollen.

In der Tradition der westlichen Medizin ist Krankheit ein Zustand des Körpers oder des Geistes, in dem es Fehlfunktionen gibt als Folge erblicher Belastung, Infektion, Ernährung oder Umwelt. Die Dysfunktion ist in der Regel auf irgendeine Weise messbar und wird als außerhalb des Normbereichs befunden, das heißt krankhaft. Andere medizinische Traditionen, wie die traditionelle chinesische, tibetische und Ayurveda-Medizin, haben aufwändige Erklärungen dafür, wie die Gesundheit die Aufrechterhaltung eines ständig wechselnden Gleichgewichts der verschiedenen Elemente in Reaktion auf äußere und innere Umstände ist. Symptome jeglicher Art sind ein Indiz dafür, dass dieser Balanceakt aus dem Gleichgewicht geraten ist. Aber die Ergebnisse sind die gleichen: irgendwie krank, was bedeutet: Leiden, Not, Unwohlsein. Auch in diesen Systemen funktionieren manche Behandlungen für manche Menschen und stellen das Gleichgewicht wieder her, und bei anderen funktionieren sie nicht. Wir haben immer noch das grundlegende Problem: Wie finden, was für wen funktioniert? Oder, noch tiefer, was für jeden funktioniert.

Wenn Sie gerade „geistige Samen" geantwortet haben, haben Sie es verstanden. Unsere gute Gesundheit oder das Fehlen davon sind laufend reifende Ergebnisse der Abdrücke in unserem persönlichen Aufnahmegerät – davon, wie wir uns um andere gekümmert haben. Erinnern Sie sich, dass sie wahrscheinlich vor langer Zeit aufgenommen wurden oder auf eine sehr subtile Art und Weise. Und denken Sie auch daran, dass wir ständig gewohnheitsmäßig auf Menschen und Dinge in unserer Welt reagieren und so die Ergebnisse fortführen, die wir erleben. An dieser Stelle ist es nicht so wichtig, Handlungen aus der Vergangenheit genau zu identifizieren. Wichtiger ist es, dass wir neue Handlungsweisen festlegen, die die Samen für die gewünschte Verbesserung unserer Gesundheit pflanzen.

Ich habe eine vierteilige Übung für Sie, damit Sie Ihre Aussage kurz und bündig und genau festlegen können (Siehe im Anhang: Wirkliche Ursachen der Heilung).

Zuerst nehmen Sie sich bitte ein wenig Zeit zur Selbstreflexion. Machen Sie eine Bestandsaufnahme Ihres aktuellen Gesundheitszustandes anhand der Übersichtsliste. Schreiben Sie einfach ein oder zwei Worte für jeden Bereich. Was wäre für Sie hier „gute Gesundheit"? Markieren Sie dann, ob Sie sie bereits haben oder sich eine Verbesserung wünschen.

Zweitens gehen Sie jeden Bereich, den Sie verbessern wollen durch und entscheiden Sie welche Wichtigkeit er hat. Verwenden Sie eine Skala von 1 bis 5, wobei 1 am wichtigsten ist und 5 am wenigsten wichtig.

Drittens schauen Sie alle Ihre „1" an, um ein gemeinsames Thema herauszufinden. Vielleicht beziehen sich alle Ihre „1" auf Müdigkeit, schlechte Ausdauer, trägen Geist und Schlaflosigkeit.

Viertens machen Sie eine kurze, prägnante, positive „Ich will ..."-Aussage, die das widerspiegelt, was Sie in Teil Drei herausgefunden haben. Zum Beispiel: „Ich will die Energie und Vitalität haben, die notwendig ist, um die Dinge zu tun, die ich tun möchte."

In diesem ganzen Prozess haben wir uns damit beschäftigt, unsere Vorstellungen von guter Gesundheit festzulegen, was das für uns bedeutet und welche besonderen Probleme wir verbessern wollen. Daher sind alle diese Details in unserer „Ich will ..."-Aussage enthalten, die von unserem Unterbewusstsein wahrgenommen wird. Es muss nicht explizit jedes Detail in der Aussage aufgeführt werden. Es ist wie wenn der Gärtner sorgfältig auswählt, welche Gemüsesorten und welche Blumen er pflanzen will.

Es ist entscheidend für unsere „Ich will ..."-Aussage, dass wir uns auf das Positive konzentrieren. Vermeiden Sie Worte wie nein, nicht, keine oder andere negative Aussagen: „Ich will keine Kopfschmerzen mehr haben." Aus irgendeinem Grund hat das geringere Auswirkungen auf das Unterbewusstsein als eine starke positive Aussage. Es ist, als ob wir etwas herausnehmen und ein leeres Loch zurücklassen, anstatt etwas Neues hineinzusetzen. Das positive Neue verdrängt das Alte. Das leere Loch saugt das Alte wieder hinein. Als ich Menschen dabei half, mit dem Rauchen aufzuhören, war es hilfreich, wenn sie – unter anderem – etwas wie Kaugummi oder Zahnstocher dahin steckten, wo sie sonst ihre Zigarettenschachtel hatten. Wenn sie dann gewohnheitsmäßig nach ihren Zigaretten griffen, fanden sie Kaugummi. Nach Zigaretten zu greifen und keine zu finden, macht uns Angst, nicht zu bekommen, was wir wollen. Nach Zigaretten zu greifen und zumindest Kaugummi zu bekommen, verstärkt das neue rauchfreie Verhalten.

Jetzt haben wir unseren Schritt 1 geschafft:
GENAUE FESTLEGUNG

„Ich will die Energie und Vitalität, um die Dinge zu tun, die ich tun möchte."

Schritt 2: Planung

Wir sind bereit für Schritt 2: PLANUNG

In der Planung müssen wir uns überlegen, wie wir jemand anderem helfen können zu bekommen, was er oder sie will. Dies sollte dem ähnlich sein, was wir selbst wollen.

Wir planen, welche Samen wir mit wem pflanzen. Sobald der Gärtner entschieden hat, was er pflanzen will, legt er fest, wo er die verschiedenen Gemüsesorten und Blumen im Garten pflanzen will. Er weiß, dass einige Gemüsesorten die pralle Sonne lieben, wohingegen es anderen besser geht, wenn sie etwas Schatten haben. Sorgfältig wählt er aus, welcher Teil seines Gartens am besten zu dem passt, was er pflanzen will. Auf diese Weise nutzt er seinen Garten optimal und hat wahrscheinlich glückliche Pflanzen.

Auf ganz ähnliche Art und Weise ist es unsere nächste Aufgabe zu planen, welche Samen wir pflanzen müssen und wie wir sie pflanzen. Dadurch setzen wir den Prozess in Gang, durch den wir das Ergebnis bekommen, das wir in unserem ersten Schritt, der genauen Festlegung, beabsichtigt haben. Erinnern Sie sich daran, was wir anderen gegenüber denken, sagen und tun, ist das, was unsere Samen pflanzt. Also müssen wir herausfinden, was wir denken, sagen und tun sollten und wem gegenüber, damit es unserer „Ich will"-Aussage entspricht. Nehmen Sie unser Beispiel „Ich will die Energie und Vitalität, um die Dinge zu tun, die ich tun möchte." Das heißt, ich muss Möglichkeiten finden und mich mich darauf konzentrieren, wie ich anderen mit ihrer Energie und Vitalität helfen kann.

Ich vermute, dass Sie denken: „Wenn ich wüsste, wie man Energie und Vitalität verbessern kann, würde ich es direkt selbst anwenden!" Oder: „Wie kann ich anderen mit ihrem Energielevel helfen, wenn bei mir selbst nichts funktioniert hat?" Passen Sie auf! Denken Sie im Sinne von geistigen Samen. Alles, was Sie selbst erfolglos ausprobiert haben, um Ihre Energie zu erhöhen, könnte sehr wohl genau die Methode sein, die bei jemand anderem funktioniert. Ob sie funktioniert oder nicht, ist auch von den Samen abhängig, die der andere hat. Allein, dass Sie sich bemühen, jemandem zu helfen, gesünder zu werden, ist genug, um darin zu reifen, dass andere Ihnen helfen. Wenn Sie kontinuierlich anderen helfen, werden Sie sehen, wie die anderen gesünder werden, und bald werden Sie selbst gesünder sein.

Dieser Schritt der Planung erfordert etwas Aufwand. Wenn Sie bereits verschiedene Behandlungsmethoden ausprobiert haben, machen Sie davon eine Liste. Vielleicht haben Sie Massage, Akupunktur, Medikamente oder Tai Chi ausprobiert und hatten mäßigen Erfolg, obwohl Sie in Ihrem Fall empfohlen wurden. Forschen Sie im Internet. Finden Sie noch andere Empfehlungen, die auf Ihr Befinden zutreffen. So bekommen Sie Anregungen, die Sie selbst nutzen oder die Sie anderen weiterempfehlen können, um ihnen zu helfen. Machen Sie sich mit allgemeinen Gesundheitstipps, die Sie weiterempfehlen können, vertraut.

Als nächstes müssen wir jemanden finden, der etwas ähnliches will wie wir. Je größer die Übereinstimmung ist, desto effektiver ist die Methode. Je nachdem, wie genau Ihre „Ich will ..."-Aussage ist, kann es schwierig sein, eine Übereinstimmung zu finden. Ich persönlich finde diesen Teil am schwierigsten. Ich bin eher introvertiert, und so habe ich Schwierigkeiten, Menschen nach ihrer Gesundheit oder ihren Beschwerden zu fragen, außer im Kontext meiner beruflichen Tätigkeit. Das ist ein Manko, das auch ein Ergebnis geistiger Samen ist. Es ist einfach freundlich, andere Men-

Klassische Gesundheitstipps

- Achten Sie auf Ihr Gewicht
- Machen Sie regelmäßig Sport
- Nehmen Sie Nahrung zu sich, die wenig gesättigte Fettsäuren enthält und reich an Ballaststoffen ist, mit viel Obst und Gemüse
- Gehen Sie regelmäßig zu Vorsorgeuntersuchungen
- Achten Sie darauf, dass Ihre Impfungen auf dem neuesten Stand sind
- Hören Sie mit dem Rauchen auf; fangen Sie nicht damit an
- Reduzieren Sie Ihren Alkoholkonsum
- Entspannen Sie sich regelmäßig
- Achten Sie auf ausreichenden Schlaf
- Haben Sie keinen ungeschützten Geschlechtsverkehr
- Verwenden Sie regelmäßig Zahnbürste und Zahnseide
- Schützen Sie sich vor übermäßiger Sonneneinstrahlung
- Fahren Sie vorsichtig
- Telefonieren Sie nicht während dem Autofahren
- Schnallen Sie sich immer an
- Fahren Sie nicht in alkoholisiertem Zustand
- Nehmen Sie an den anonymen Alkoholikern oder einer ähnlichen passenden Gruppe teil
- Lachen Sie viel, vor allem über sich selbst!

schen zu fragen, wie sie sich fühlen und aufmerksam zuzuhören, was sie sagen. Erinnern Sie sich daran, als jemand sich wirklich Sorgen um Sie gemacht hat und wie wohltuend es war, dass jemand da war, der sich um Sie gekümmert hat. Sicher, es ist auch eigennützig: Sie suchen jemanden, der einen ähnlichen Zustand wie Sie zu haben scheint.  In der Zwischenzeit pflanzen Sie einige „Freundlichkeits"-Samen, indem Sie den anderen interessiert zuhören. Und vielleicht haben Sie einen guten Rat für ihr Befinden, auch wenn ihr Zustand Ihrem eigenen nicht ähnlich ist. Natürlich können Sie dieses Buch gerne weiterempfehlen! Früher oder später wird jemand Sie fragen, wie sie erreichen konnten, was sie durch die Anwendung der Vier Schritte erreicht haben. Dann können Sie begeistert Ihre Erfahrungen teilen und auch erklären, wie die Vier Schritte anzuwenden sind. Dies ist die eigentliche Methode, die eine, die letztendlich immer funktioniert: mit anderen zu teilen. Aber das müssen Sie sich zuerst selbst beweisen.

Dieser Teil ist ein wenig verzwickt. Wir sind immer noch in der Planungsphase. Bevor wir zum dritten Schritt, der Handlung kommen, will ich noch über unsere Verhaltensweisen reden. Es ist wichtig im Auge zu behalten, dass das, was wir tun, immer zu uns zurückkommt. Ohne Ausnahme. Hier müssen wir aufpassen, dass wir nicht zu fanatisch werden, wenn wir anderen Ratschläge zur Gesundheit geben und sie vielleicht an unserer Hilfe gar nicht interessiert sind. Wenn wir nicht wollen, dass jemand aufdringlich, besserwisserisch oder kritisch ist, dann dürfen wir andere nicht bedrängen. Vielleicht sehen sie uns nicht als jemanden, der ihnen helfen kann. Seien Sie nicht gekränkt. Denken Sie an Situa-

Alternative Gesundheitstipps

- Tai Chi, Yoga, Schwimmen, Qi Gong
- Ganzheitliche Medizin/pflanzliche Heilmittel, Homöopathie, Ayurveda, Trad. Chinesische Medizin, Akupunktur
- Verwenden Sie geeignete Nahrungsergänzungsmittel
- Gehen Sie 20 Minuten täglich
- Dehnen Sie Ihren Körper
- Verwenden Sie Gewürze als Medizin
- Leberreinigung, mit der richtigen Anleitung
- Darmreinigung, mit der richtigen Anleitung
- Entspannen Sie sich regelmäßig
- Achten Sie auf genug Schlaf
- Machen Sie Nasenspülungen
- Hören Sie regelmäßig Musik
- Singen, Tanzen, Spielen
- Setzen Sie sich keiner Umweltbelastung aus
- Holen Sie sich ein Haustier und pflegen Sie es liebevoll
- Lassen Sie sich regelmäßig Massagen geben
- Knüpfen Sie Kontakte, gehen Sie unter die Leute
- Seien Sie für andere Menschen da
- Minimieren Sie Strahlenbelastung
- Atmen Sie tief
- Lächeln Sie, lachen Sie
- Meditieren Sie regelmäßig
- Arbeiten Sie als ehrenamtlicher Helfer
- Führen Sie ein spirituelles Leben
- Gewöhnen Sie es sich an, freundlich zu denken und zu handeln

tionen, in denen Sie die Hilfe anderer zurückweisen oder in denen Sie anderen die Fähigkeit zu helfen abstreiten (gesundheitsbezogen oder in anderen Bereichen). Alles, womit wir anderen helfen, das zu bekommen, was sie wollen, bringt uns dem Ergebnis näher, dessen Reifung wir uns wünschen. Dabei müssen ihre Wünsche und Bedürfnisse nicht unbedingt mit unseren übereinstimmen.

Auch unsere Haltung gegenüber unserem „Gesundheits-Partner" ist wichtig. Wir können ihn egoistisch und ausschließlich zum Vorteil unserer Gesundheit nutzen. Diese Samen reifen darin, dass sich zwar unsere Gesundheit verbessert, aber wir auch von egoistischen Menschen umgeben sind, die uns für ihre Zwecke benutzen.

Wenn wir diesen Prozess wirklich verstehen, wird es uns ein aufrichtiges Anliegen sein, andere Menschen in ihrer Gesundheit zu unterstützen. Dabei wissen wir, dass sich als Nebenwirkung unserer Bemühungen unser eigenes Wohlbefinden verbessern wird und wir von Menschen umgeben sein werden, die uns helfen. Was hätten Sie lieber? Was, glauben Sie, würden andere vorziehen?

Die Suche nach einem passenden Gesundheits-Partner

Von Vimala Sperber

Früher wurde ich häufig von Migräneanfällen geplagt. In der schlimmsten Zeit hatte ich sie alle 2 Wochen über mehrere Tage. Weil meine verschriebenen Migränetabletten 20 Dollar pro Stück kosteten, war ich sehr sparsam damit. Das heißt, dass ich manchmal drei bis vier Tage und Nächte mit schrecklichen Schmerzen verbracht habe.

Ich wusste, dass meine Freundin Sarahni (die Autorin dieses Buches) auch an schrecklicher Migräne litt. Nachdem ich von unserem Lehrer die 4x4 gelernt hatte, wählte ich Sarahni mit ihrer Migräne als meine Gesundheits-Partnerin.

Ich begann über alternative ganzheitliche Heilmethoden für Migräne nachzuforschen. Meine Eltern schickten mir Artikel und homöopathische Mittel für Migräne, um sie mit Sarahni zu teilen. Bald darauf schlug mir unser Lehrer vor, es mit Sumatriptan zu versuchen. Es wirkte unglaublich und war viel billiger.

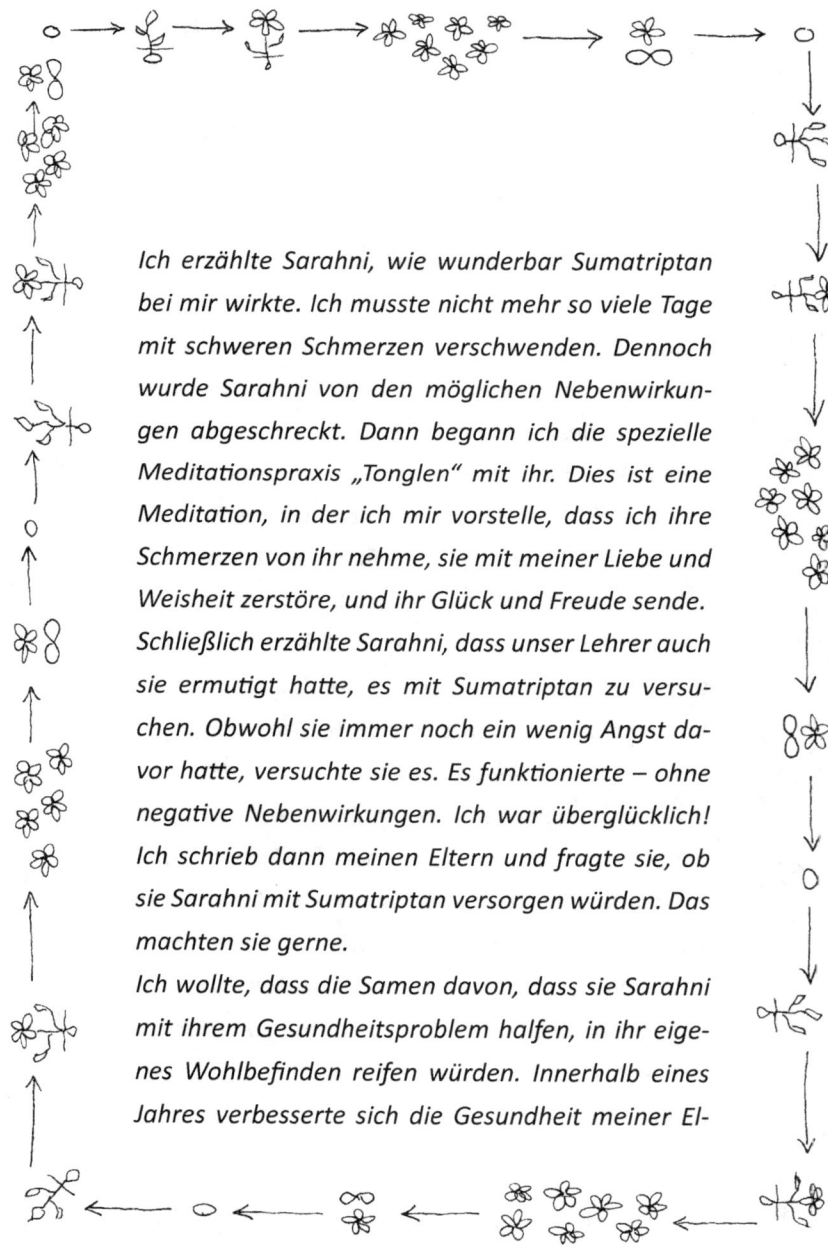

Ich erzählte Sarahni, wie wunderbar Sumatriptan bei mir wirkte. Ich musste nicht mehr so viele Tage mit schweren Schmerzen verschwenden. Dennoch wurde Sarahni von den möglichen Nebenwirkungen abgeschreckt. Dann begann ich die spezielle Meditationspraxis „Tonglen" mit ihr. Dies ist eine Meditation, in der ich mir vorstelle, dass ich ihre Schmerzen von ihr nehme, sie mit meiner Liebe und Weisheit zerstöre, und ihr Glück und Freude sende. Schließlich erzählte Sarahni, dass unser Lehrer auch sie ermutigt hatte, es mit Sumatriptan zu versuchen. Obwohl sie immer noch ein wenig Angst davor hatte, versuchte sie es. Es funktionierte – ohne negative Nebenwirkungen. Ich war überglücklich! Ich schrieb dann meinen Eltern und fragte sie, ob sie Sarahni mit Sumatriptan versorgen würden. Das machten sie gerne.

Ich wollte, dass die Samen davon, dass sie Sarahni mit ihrem Gesundheitsproblem halfen, in ihr eigenes Wohlbefinden reifen würden. Innerhalb eines Jahres verbesserte sich die Gesundheit meiner El-

tern zunehmend. Die Arthritis meiner Mutter und ihr Diabetes wurden besser. Mein Vater hat Demenz, aber er wurde körperlich stabiler. Und zum ersten Mal bin ich jetzt komplett krankenversichert einschließlich aller Rezepte. Also muss ich für das Medikament nicht einmal etwas zahlen.

Lieber Leser, denken Sie bitte daran, dass das Sumatriptan nur als Vehikel für die Reifung von Vimalas mentalen Samen dient. Das Medikament ist die oberflächliche Ursache, die die Kopfschmerzen lindert. Die tiefere Ursache dafür, dass beide, Vimala und Sarahni, so gut darauf ansprechen, liegen in ihrer Vergangenheit, dass sie anderen schmerzgeplagten Menschen geholfen haben. Durch unsere westlichen Augen sehen wir es auf die eine Art und Weise. Wenn wir es durch die Linse der geistigen Samen und ihrer Ergebnisse betrachten, können wir sehen, wie das Pflanzen von Gesundheits-Samen ihnen allen geholfen hat.

Leben schützen

*Unsere Bedürfnisse gestillt zu haben,
zu lieben, geliebt zu werden,
uns in in dieser Welt sicher zu fühlen und unsere
Bestimmung zu kennen, liegt einzig darin,
diesen Segen für andere zu schaffen.*
Bryant McGill, Voice of Reason

Wir sehen, dass diesen herkömmlichen Tipps für die Gesundheit etwas fehlt. Wir brauchen tiefer greifende Methoden, wie wir Leben schützen. Was wir anderen gegenüber denken, tun und sagen, schließt auch unser Handeln gegenüber Tieren, zum Beispiel Insekten, ein. Im Rahmen unserer Planung können wir über unser aktuelles und früheres Verhalten anderen gegenüber nachdenken. Es wäre eine lebensverbessernde Maßnahme, wenn wir keine Insekten mehr töten und aufhören, Pestizide zu verwenden. Es wäre eine lebensverbessernde Maßnahme, an Stoppschildern wirklich anzuhalten und Geschwindigkeitsbegrenzungen einzuhalten, um damit das Leben anderer zu schützen. Es wären lebensverbessern-

de Maßnahmen, mit dem eigenen Hund oder dem des Nachbarn regelmäßig spazieren zu gehen, Blut zu spenden oder freiwillig als Sanitäter oder bei der Tierrettung tätig zu sein. Aber erwarten Sie dieses unkonventionelle Handeln nicht von anderen. Urteilen sie nicht darüber, wenn Sie sehen, was andere tun – auch wenn es schwer fällt –, denn das, was Sie sehen, ist nur ein Reifen Ihrer geistigen Samen. Ändern Sie diese Samen.

Wir sprechen immer noch über den Plan bezüglich unserer Gesundheitsmaßnahmen. Ich habe diese Vier Schritte über einen langen Zeitraum erlernt. Ich lebte in einer Gruppe, die sich auch damit befasst hatte. Wir nannten uns „Vier-Schritte-Freunde". Wir haben erkannt, wie wir einander dienen, indem wir uns helfen, spezifische Samen zu pflanzen, um Probleme zu lösen. Wenn wir uns nicht unter Gleichgesinnten befinden, Menschen, die ähnlich handeln, dann brauchen wir nicht zu verkünden: „Ich helfe Ihnen auf diese Weise, denn dadurch helfe ich mir auch selbst." Wenn die Zeit reif ist, können wir darüber sprechen. Bis dahin ist es am besten, unser geistiges Samensäen für uns zu behalten.

Ich fand auch heraus, dass es ein ebenso mächtiger Samen sein kann, jemanden um Hilfe zu bitten. Wenn ich jemanden sehe, der ein ähnliches Problem hat wie ich, und ich ihn bitte, mir bei meinem Problem zu helfen, pflanze ich damit Samen, um Hilfe in vielfältiger Weise zu bekommen. Andere werden mich um Hilfe bitten. Die Person, die versucht hat, mir zu helfen, wird Hilfe erhalten, und schließlich werde auch ich Hilfe erhalten.

Dies wirft ein weiteres Problem auf. Wir neigen dazu, eine vorgefasste Meinungen darüber zu haben, was Hilfe genau ist und wer sie uns geben kann. Vorurteile blockieren unsere Fähigkeit, gereifte Ergebnisse zu erkennen, selbst wenn sie schon da sind. Vielleicht hat uns jemand etwas empfohlen, und wir haben den Vorschlag zurückgewiesen, ohne diese Möglichkeiten überhaupt in Betracht zu ziehen. Auch wenn wir von unserem Arzt ein neues Medikament bekommen, das in nur einer Stunde den Kopfschmerz beseitigt, was sonst 18 Stunden dauert, denken wir nicht daran, dass das ein Ergebnis von Samen ist. Wir haben erwartet, dass unsere Kopfschmerzen einfach verschwinden. Da dies nicht passiert ist, schreiben wir das positive Ergebnis des Medikaments nicht dem Reifen unserer Samen zu. Ein Teil der Magie der Vier Schritte ist, mit einem offenen Geist und mit Neugier zu beobachten, wie die Samen, die wir jetzt bewusst pflanzen, zu reifen beginnen. Vielleicht geschieht das subtil, vielleicht ist es offensichtlich. Wahrscheinlich ist es eine Mischung aus beidem. Sobald wir beginnen, Ergebnisse zu erkennen, wird unser Vertrauen in die Anwendung der Vier Schritte rapide ansteigen. Wir werden sie ganz natürlich auch auf andere Aspekte unseres Lebens anwenden.

Wie können wir sonst noch Vier Schritte-Partner finden, Menschen mit ähnlichen gesundheitlichen Problemen? Mittlerweile gibt es für die verschiedensten Erkrankungen Selbsthilfegruppen. Kontaktieren Sie Ihr örtliches Krankenhaus oder Arztpraxen, um jemanden zu finden, der zu Ihnen passt. „Selbsthilfegruppe! Nein Danke!"(Ich hör meine eigene Stimme rufen!) Nun, da Sie jetzt von den geistigen Samen erfahren haben, machen Selbsthilfegruppen viel Sinn. Einzig und allein mit Ihrer Anwesenheit erleben Sie sich, wie Sie gleich mehreren Menschen mit einem ähnlichen Problem helfen. Das ist der Grund, wieso Selbsthilfegruppen funktionieren.

Wenn Ihre Eltern noch leben und Gesundheitsprobleme haben, sind sie wunderbare Vier-Schritte-Partner, auch wenn Sie selbst ein anderes Gesundheitsthema haben. Ebenso ist ein spiritueller Lehrer – sollten Sie einen haben – oder jemand anderes, von dem Sie in irgendeiner Weise viel profitiert haben, ein guter Vier-Schritte-Partner. Auch jemand, der in Not ist, ist ein guter Kandidat. Somit sind auch ehrenamtlicher Dienst in einem Obdachlosenheim oder gelegentliches Kochen in einer Suppenküche Möglichkeiten, um Samen für eine bessere Gesundheit zu pflanzen.

Nachdem wir geplant haben, auf was wir uns konzentrieren, um unsere Samen für Gesundheit zu pflanzen und mit wem, müssen wir uns einen Zeitplan zurechtlegen; einen Zeitplan, den wir und unser Vier-Schritte-Partner für einen bestimmten Zeitraum einhalten können. Das kann wahrscheinlich erst dann abgeklärt werden, wenn Sie tatsächlich die Möglichkeit gefunden haben, eine bestimmte Person zu unterstützen. Wenn Sie diese gefunden haben, legen Sie gemeinsam fest, wie Sie helfen wollen. Damit ist Ihr Plan vollständig. Beispielsweise: „Ich biete meinem Gesundheits-Partner an, zweimal im Monat mit ihm Schwimmen zu gehen über einen Zeitraum von vier Monaten. Danach überprüfe ich nochmal, wie es mir gesundheitlich geht." Und logischerweise, je mehr Hilfe wir geben, desto schneller bekommen wir unsere Ergebnisse. Allerdings müssen wir mit unserem Terminplan und unseren Verpflichtungen vernünftig umgehen. Die Beteiligung an einer kleineren Gesundheitsaktivität mit Regelmäßigkeit, Zuverlässigkeit und hoher Motivation bewirkt viel. Wir verändern damit unsere alten Gewohnheiten hin zu neuen Mustern, Samen reifen zu lassen.

Dies alles zu planen und den Plan regelmäßig zu prüfen, ist an sich schon ein sehr kraftvoller Teil des Pflanzens geistiger Samen, der sie schneller reifen lässt. Es macht Spaß, sich zu entspannen und in Fantasien zu schwelgen, wie wir Menschen helfen können, sich besser zu fühlen. Natürlich auf eine Art und Weise, die förderlich und rechtmäßig ist. Allein das pflanzt kraftvolle Samen und stärkt ähnliche Samen, die bereits gepflanzt wurden.

Samen zur Steigerung der Lebensqualität / Leben schützen

- Bringen Sie jemanden zur Notaufnahme/zum Arzttermin, wenn Sie die Gelegenheit dazu haben
- Mit einem Hund Gassi gehen (natürlich mit freundlicher Genehmigung des Hundebesitzers)
- In Fahrgemeinschaft fahren
- Fahren Sie sicher und vorsichtig
- Entfernen Sie Hindernisse: in wörtlichem und übertragenem Sinn
- Teilen Sie Informationen
- Hören Sie anderen zu
- Wiederverwenden und wiederverwerten, um Müll zu reduzieren
- Ressourcen schonen
- Spenden Sie regelmäßig Blut oder Plasma
- Bleiben Sie zu Hause, wenn Ihre Krankheit ansteckend ist
- Achten Sie auf gute Hygiene
- Ernähren Sie sich so oft wie möglich vegetarisch
- Wählen Sie Eier von glücklichen Hühnern (unbefruchtet)
- Servieren Sie anderen vegetarische Mahlzeiten, wenn Sie die Gelegenheit dazu haben
- Vermeiden Sie Insekten zu töten
- Freuen Sie sich über kleine gute Taten
- Handeln Sie mit Achtsamkeit für das Wohlbefinden aller
- Haben Sie immer Trinkwasser dabei
- Lassen Sie Regenwürmer frei, die man als Fischköder verwenden würde

- Lassen Sie Futterfische & Grillen in einer passenden Umgebung frei
- Kümmern Sie sich um die Sicherheit zu Hause und in der Arbeit
- Helfen Sie Behinderten
- Schauen Sie sich nach Möglichkeiten um, anderen zu helfen
- Entfernen Sie Gefahrenquellen
- Retten Sie ein Haustier aus einem Tierheim und pflegen Sie es liebevoll
- Erinnern Sie jemanden daran, sein Medikament wie vorgeschrieben einzunehmen
- Helfen Sie jemandem regelmäßig Sport zu betreiben
- Fügen Sie Ihre eigenen Ideen hinzu ...

Schritt 3: Absichtliche Handlung

Jetzt pflanzen wir tatsächlich die Samen. Wie wir bereits gesagt haben, können wir Samen auf eine unbestimmte Weise pflanzen oder mit einem hohen Maß an Bewusstheit. Vage gepflanzte Samen bleiben im Allgemeinen eine lange Zeit in einem Verzögerungsmodus, sodass sie fast nicht zu erkennen sind, wenn sie reifen. Geistige Samen, die mit einer hohen Absicht gepflanzt sind (positiv oder – Gott bewahre – negativ) sind stärker und reifen daher auch eher früher. Sie sind leichter erkennbar als Ergebnisse dieser Samen.

Was ist die hohe Absicht, die wir brauchen? Eigentlich gibt es zwei Arten von Absicht oder, genauer gesagt, eine Absicht mit zwei Teilen. Der erste Teil: Um geistige Samen so zu pflanzen, dass sie schnell reifen, müssen wir uns ganz klar unserer Absicht bewusst sein, die hinter unseren Handlungen steckt, und wir brauchen ein tiefes Verständnis von „wir ernten, was wir säen". Je bewusster uns das ist, während wir mit unserem Gesundheits-Partner arbeiten, desto stärker werden diese Samen gepflanzt. Das braucht Übung. Am Anfang können wir uns daran erinnern: „Ich bin in dieser Selbsthilfegruppe für Menschen mit chronischem Erschöpfungssyndrom (chronic fatigue syndrom, CFS), damit ich sehe, wie ich andere Menschen mit CFS unterstütze, um selbst gesund zu werden."

Erinnern Sie sich immer wieder daran, vor allem, wenn Sie kraftlos (!) oder frustriert sind. Denken Sie daran, warum Sie dorthin gehen. Probieren Sie die alte Methode, einen Knoten ins Taschentuch zu machen, damit Sie sich jedes Mal wieder an Ihre Absicht erinnern. Kleben Sie einen Notizzettel auf den Spiegel oder stecken Sie eine kleine Erinnerungskarte in Ihre Geldbörse. Je öfter Sie daran denken, desto besser.

Das funktioniert wirklich!

Die Geschichte einer Freundin

Meine Freundin hatte eine schwierige Zeit im Leben – sie hat Narkolepsie (Schlafkrankheit), seit sie ein Teenager ist, und mehrere, zum Teil nicht diagnostizierte Autoimmunerkrankungen, einschließlich rezidivierender Pankreatitis.

Als Anwendung der Vier Schritte beschloss sie, eine Selbsthilfegruppe für Narkolepsie zu gründen. Zuerst erkundigte sie sich, wie man eine solche Gruppe anfängt. Dann traf sie eine Frau, deren Tochter Narkolepsie hatte. Zusammen inserierten sie den Start einer Gruppe. Am ersten Tag erwarteten sie, dass nur sie beide anwesend wären. Zu ihrer Überraschung kamen 20 Menschen. Sie teilten bereitwillig miteinander darüber, wie es ihnen ging, sprachen über die Auswirkungen ihrer Krankheit und darüber, was sie versuchten, um sich selbst zu helfen. Die Selbsthilfegruppe wuchs.

Schließlich fand meine Freundin einen Neurologen, der ihr ein Medikament verschrieb, das keine negativen Nebenwirkungen hatte. Wie durch ein Wun-

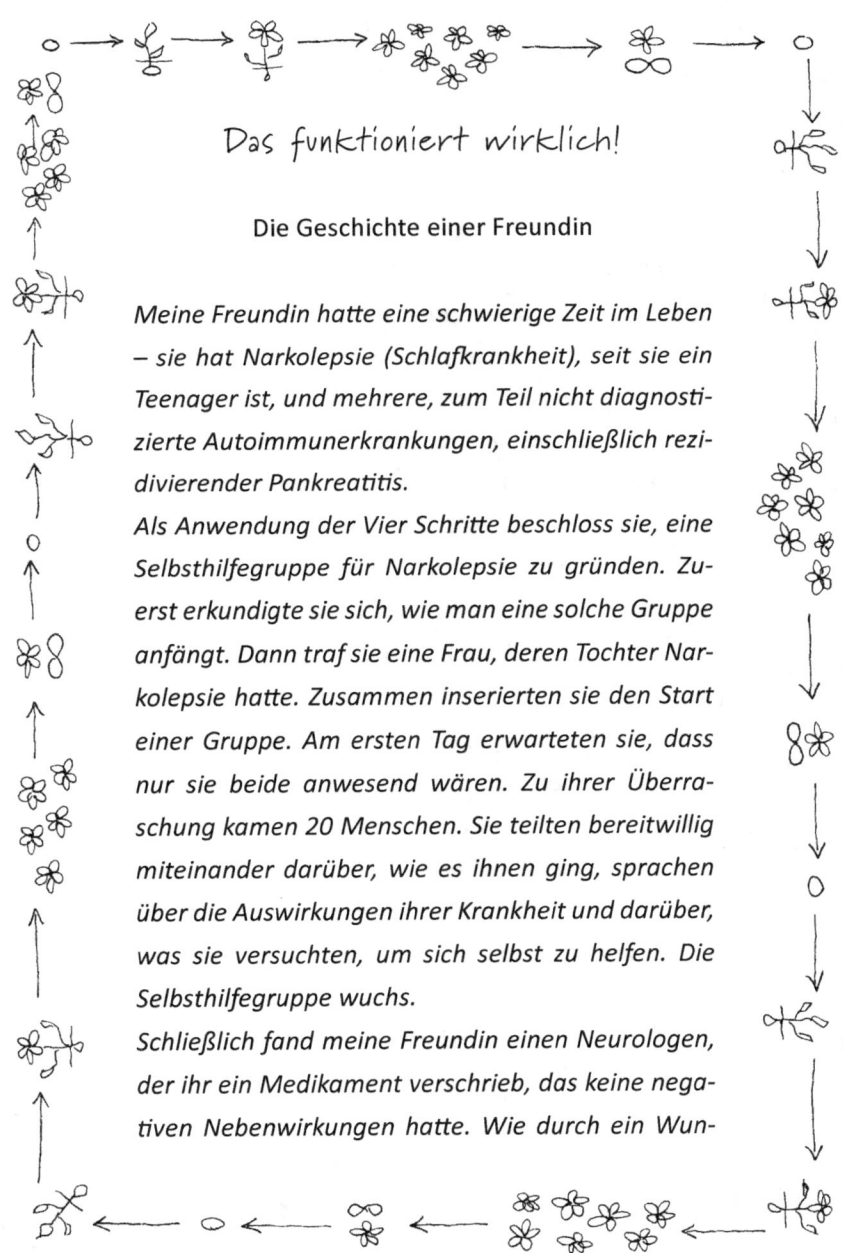

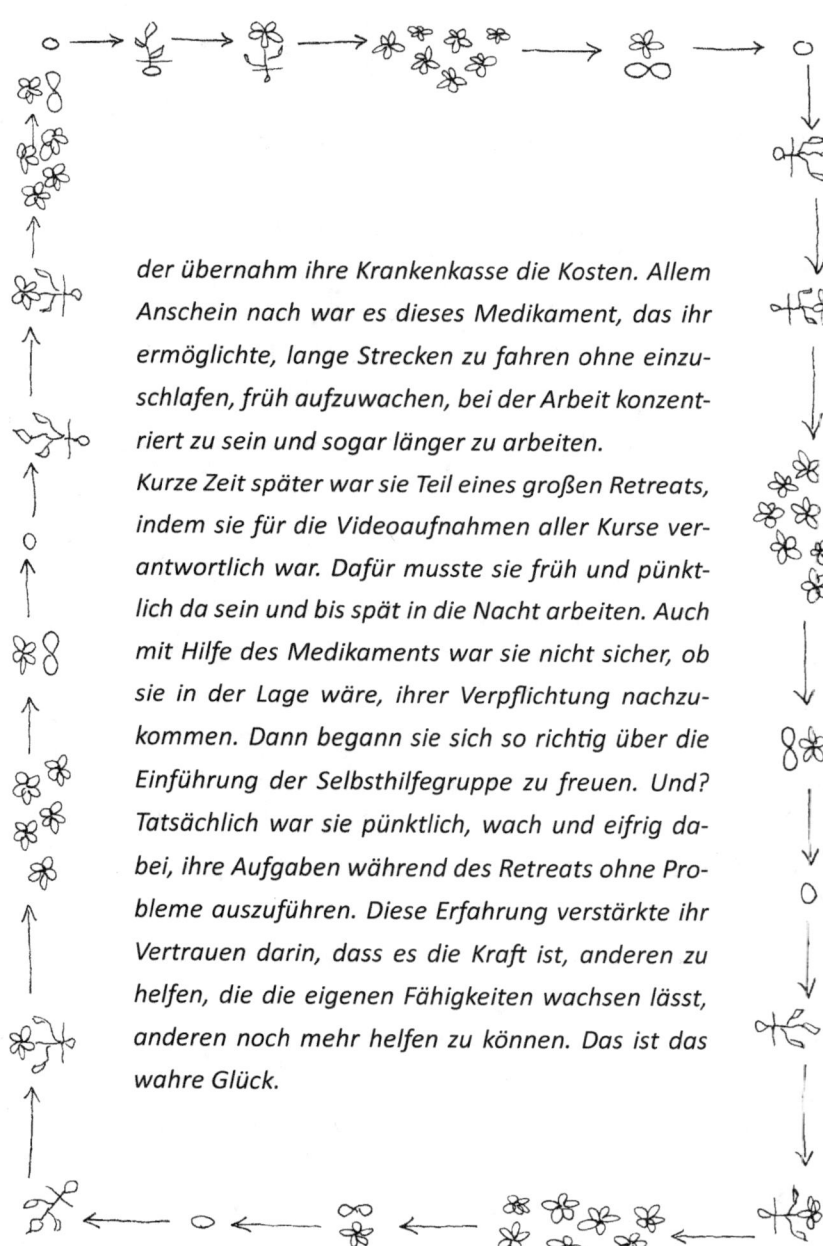

der übernahm ihre Krankenkasse die Kosten. Allem Anschein nach war es dieses Medikament, das ihr ermöglichte, lange Strecken zu fahren ohne einzuschlafen, früh aufzuwachen, bei der Arbeit konzentriert zu sein und sogar länger zu arbeiten.

Kurze Zeit später war sie Teil eines großen Retreats, indem sie für die Videoaufnahmen aller Kurse verantwortlich war. Dafür musste sie früh und pünktlich da sein und bis spät in die Nacht arbeiten. Auch mit Hilfe des Medikaments war sie nicht sicher, ob sie in der Lage wäre, ihrer Verpflichtung nachzukommen. Dann begann sie sich so richtig über die Einführung der Selbsthilfegruppe zu freuen. Und? Tatsächlich war sie pünktlich, wach und eifrig dabei, ihre Aufgaben während des Retreats ohne Probleme auszuführen. Diese Erfahrung verstärkte ihr Vertrauen darin, dass es die Kraft ist, anderen zu helfen, die die eigenen Fähigkeiten wachsen lässt, anderen noch mehr helfen zu können. Das ist das wahre Glück.

Der zweite Teil unserer hohen Absicht ist sogar noch wichtiger. Es geht um Zahlen. Wenn wir uns sehen, wie wir einem anderen gegenüber mit starker Absicht handeln, um ihm zu helfen (und natürlich auch uns selbst), pflanzen wir einen kraftvollen Samen, der wachsen wird. Wenn wir sehen, wie wir zehn anderen gegenüber mit hoher Absicht handeln, pflanzen wir zehn kraftvolle geistige Samen, die alle wachsen. Wenn wir diese Samen nur mit der Absicht pflanzen, uns selbst zu helfen, werden diese kraftvollen Samen reifen. Wir bekommen die gewünschte Hilfe, jedoch von Menschen, die uns nur helfen, um zu bekommen, was sie selbst wollen. Wir werden in einer Welt leben, in der wir von egoistischen Menschen umgeben sind. Wer will das schon? Wir wollen doch in einer Welt leben, in der wir von glücklichen, freundlichen Menschen umgeben sind!

Wir können die Kraft unseres Samen-Pflanzens erhöhen und den Egoismus-Aspekt verhindern. Dazu integrieren wir in unsere hohe Absicht den Wunsch, dass jeder weiß, wie er gesund bleibt, nämlich indem er anderen hilft, gesund zu bleiben. Jeder bedeutet jeder, ohne Ausnahme. Wie viele Samen würde das pflanzen, wenn wir uns vorstellen, dass jeder in der Welt von dem profitiert, was wir tun, während wir einer Person helfen? Dies ist die eigentliche Geheimwaffe: Der Teil der Absicht, der die Samen so mächtig macht, dass ihre Reifung Vorrang hat gegenüber Samen, die ohne diesen hohen Wunsch gepflanzt wurden. Wir können die Kraft unseres Samenpflanzens erhöhen, indem wir uns vorstellen, dass wir alle Menschen, die an chronischer Müdigkeit erkrankt sind, in die Selbsthilfegruppe einladen. Auf diese Weise könnten alle anderen helfen, so gesund zu werden, wie sie selbst es sein wollen. In unserer Vorstellung organisieren sie dann auch alle Selbsthilfegruppen. Jetzt hilft jeder jedem. Bald ist niemand mehr krank. **Und wir haben eine Revolution der Gesundheitsfürsorge begonnen!**

„Das ist eine schöne Vorstellung", sagen Sie, wahrscheinlich mit einem gewissen Zweifel. Geistige Samen werden durch das, was wir denken und sagen und tun, gepflanzt. Unsere Gedanken ermöglichen es uns, an eine Vielzahl von Aktionen zu denken, die wir in der physischen Welt möglicherweise gar nicht umsetzen könnten. „Wie geht das, während ich an der Gruppe teilnehme?", fragen Sie. „Oder, während ich in der Suppenküche helfe oder meine ältere Freundin zu ihren Arztterminen bringe?" Wenn wir unseren Geist jetzt beobachten, wird uns bewusst, dass wir an unzählige Dinge denken, während wir mit etwas anderem beschäftigt sind. Mit etwas Anstrengung und Übung können wir unsere Gedanken auf diese neue, kraftvolle Art lenken. Wenn die Erklärung über die Zahlen stimmt, ist es die Mühe wert. Wenn dies nicht der Fall ist – für die Zweifler unter uns –, dann ist es trotzdem sinnvoll, die Kontrolle über unsere zufälligen Gedanken zu kultivieren, sodass wir geistige Samen effektiver pflanzen können. Wenn wir uns selbst beweisen können, dass dieses System funktioniert, haben wir die Macht, eine Revolution von neuen Handlungsweisen zu starten, die wir in unserer Welt verbreiten können.

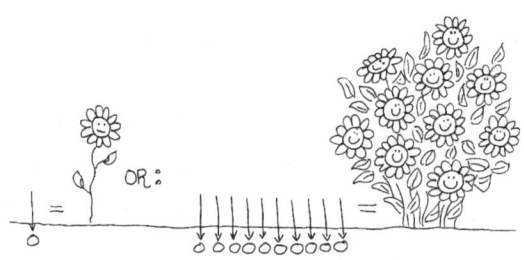

Der Wissenschaftler

Von Carlos Flores

Nachdem ich die Technik gelernt hatte, wie ich durch absichtliches Verhalten meine Zukunft erschaffen kann, habe ich beschlossen, mit meinen täglichen Routinen zu experimentieren – vor allem bei der Arbeit. Das ist auch der Ort, an dem einige der auffälligsten Ergebnisse entstanden.

Die Aktivität, die in der Arbeit am häufigsten wiederholt und durchgeführt wird, mehr als jede andere, ist eindeutig der Gang auf die Toilette. Gemeint ist vor allem das Händewaschen. Das WC hatte alte manuelle Handtuchspender. Sie drücken ein paar Mal einen Hebel nach unten, um genügend Papier zum Händetrocknen zu bekommen. Ich habe beschlossen, dieser Aktion mehr Bedeutung zu geben. Für mein erstes Experiment begann ich ein Handtuch für den nächsten Benutzer vorzubereiten, nachdem ich meine Hände abgetrocknet hatte. Ich hatte wirklich die Hoffnung, dass der Benutzer seine Hände effizienter trocknen kann, um schneller zu seinem nächsten Ziel zu gelangen.

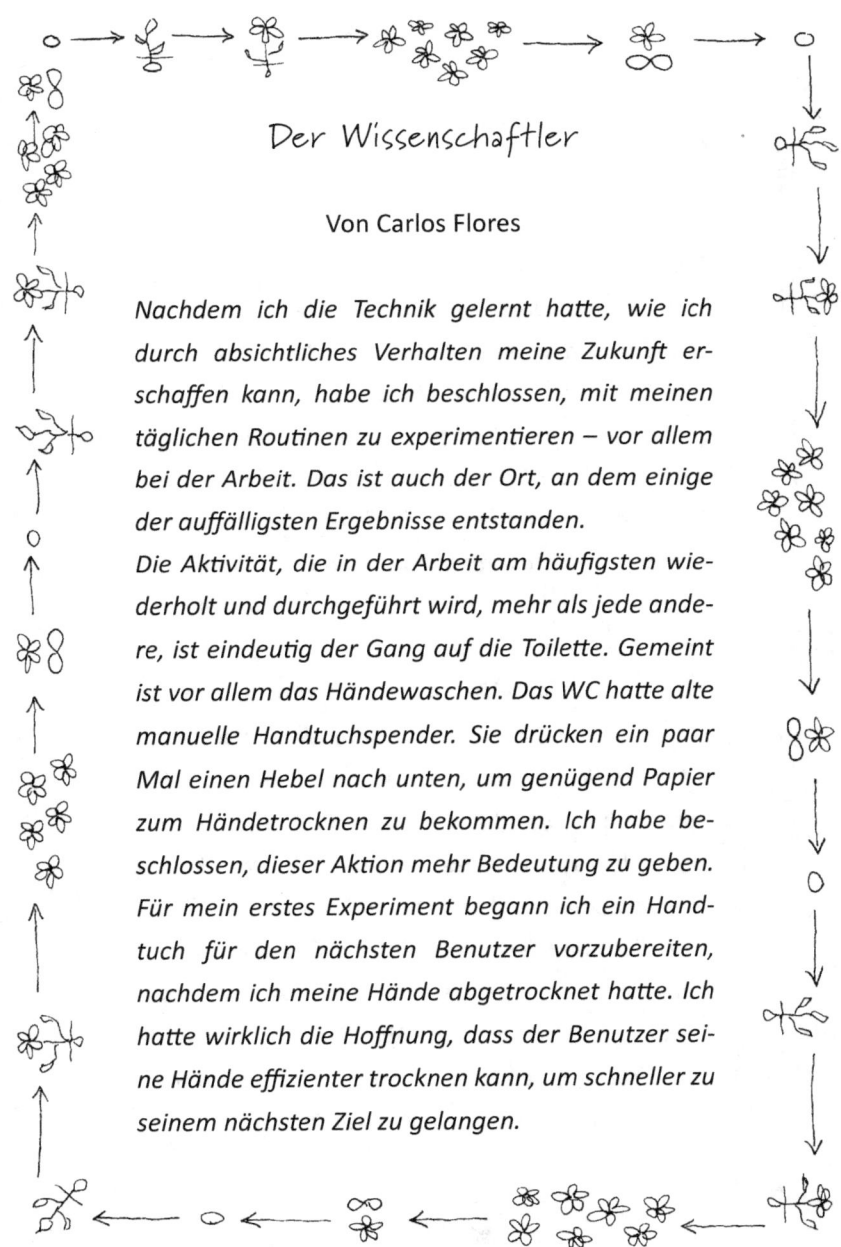

DER HUND, DER STIFT UND DAS STÖCKCHEN

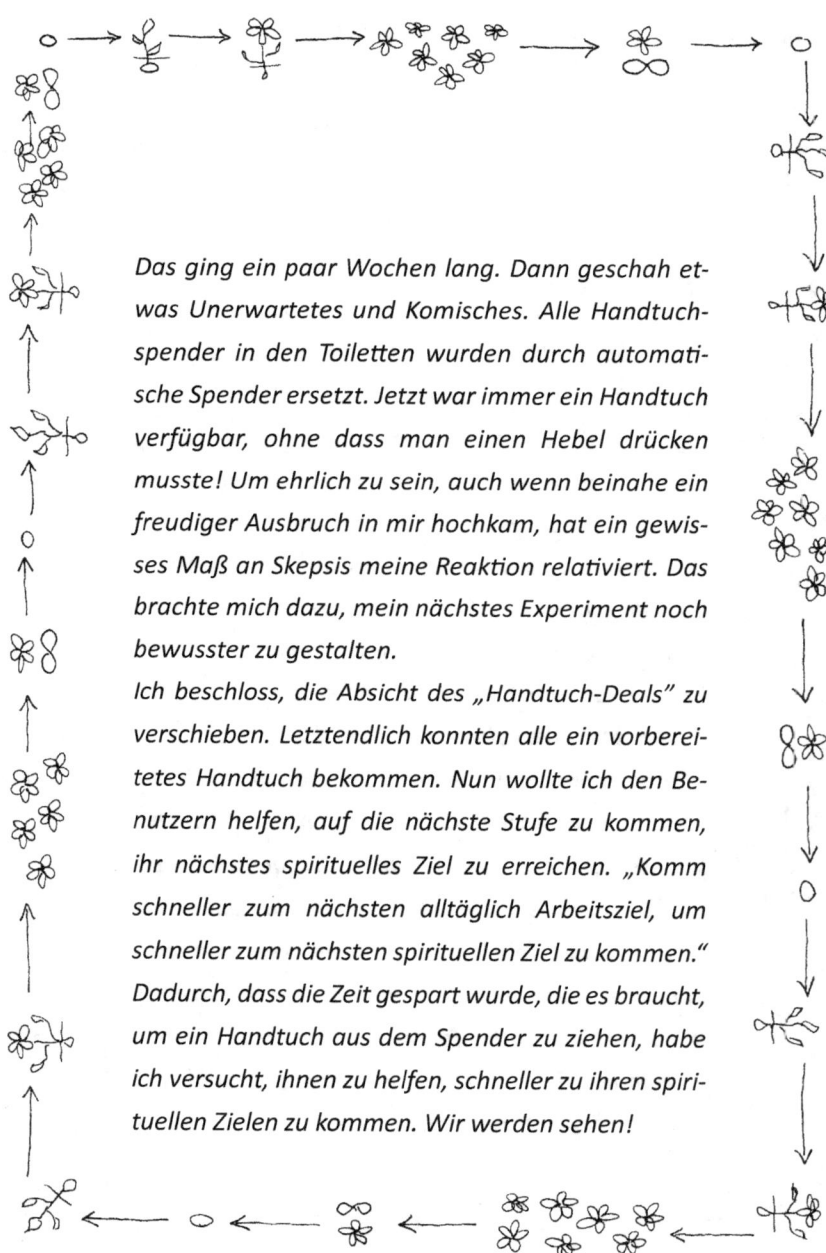

Das ging ein paar Wochen lang. Dann geschah etwas Unerwartetes und Komisches. Alle Handtuchspender in den Toiletten wurden durch automatische Spender ersetzt. Jetzt war immer ein Handtuch verfügbar, ohne dass man einen Hebel drücken musste! Um ehrlich zu sein, auch wenn beinahe ein freudiger Ausbruch in mir hochkam, hat ein gewisses Maß an Skepsis meine Reaktion relativiert. Das brachte mich dazu, mein nächstes Experiment noch bewusster zu gestalten.

Ich beschloss, die Absicht des „Handtuch-Deals" zu verschieben. Letztendlich konnten alle ein vorbereitetes Handtuch bekommen. Nun wollte ich den Benutzern helfen, auf die nächste Stufe zu kommen, ihr nächstes spirituelles Ziel zu erreichen. „Komm schneller zum nächsten alltäglich Arbeitsziel, um schneller zum nächsten spirituellen Ziel zu kommen." Dadurch, dass die Zeit gespart wurde, die es braucht, um ein Handtuch aus dem Spender zu ziehen, habe ich versucht, ihnen zu helfen, schneller zu ihren spirituellen Zielen zu kommen. Wir werden sehen!

Es gibt eine nützliche Methode, wie wir uns darin üben können, unseren Geist noch bewusster zu lenken. Dazu schreiben wir unsere Absicht auf ein Stück Papier, das wir bei uns tragen. „Ich nehme an dieser Selbsthilfegruppe teil, damit ich sehen kann wie ich anderen mit CFS helfe. Und so erschaffe ich eine Welt, in der jeder weiß: Um zu bekommen was ich will, muss ich zuerst anderen helfen zu bekommen, was sie wollen. Ich beginne eine REVOLUTION der GESUNDHEITSFÜRSORGE!" Lesen Sie das früh am Tag. Lesen Sie es, bevor Sie zur Selbsthilfegruppe gehen. Lesen Sie es noch einmal, bevor Sie aus dem Auto aussteigen. Lesen Sie es, bevor Sie den Raum betreten. Lesen Sie es während der Gruppe oder erinnern Sie sich zumindest daran. Lesen Sie es erneut am Ende der Gruppe und noch einmal vor dem Schlafengehen. Denken Sie jedes Mal mit Freude daran, wie Sie anderen helfen. Beobachten Sie die anderen, während Sie ihnen helfen. Können Sie an ihnen Anzeichen von Freude darüber erkennen, dass Sie sich um sie kümmern? Menschen spüren, wenn jemand wirklich für sie sorgt, und sie schätzen das. Das ist angenehm für uns und verstärkt diese neuen Handlungsweisen.

1 + 2 + 3

Wir haben die Ergebnisse, die wir wollen, klar festgelegt. Wir haben geplant, welche Samen wir pflanzen wollen und mit wem. Wir haben unser Programm umgesetzt und handeln in unserer Gesundheitsfürsorge mit diesen beiden hohen Absichten. Aber damit haben wir die Vier Schritte noch nicht abgeschlossen, die notwendig sind, damit diese erstaunlichen Samen schnell reifen.

Schritt 4: Freude über die Tat

*Wenn Sie Handlungen der Güte ausführen, bekommen Sie
ein wunderbares Gefühl im Inneren. Es ist, als ob
etwas in Ihrem Körper reagiert und sagt:
„Ja, so sollte ich mich fühlen."*
Harold Kushner

Dieser vierte Schritt ist die totale Freude über die Vollendung unserer guten Tat(en). Dies ist ein sehr notwendiger Bestandteil, der zu unserem Unterbewusstsein sagt: „Ich habe das getan, von dem ich sagte, dass ich es tun würde. Ich bin froh, dass ich es getan habe. Und ich freue mich darauf, es wieder zu tun."  Diese Freude oder glücklich zu sein über unsere guten Bemühungen ist wie das Wasser, durch das die Gärtnerin ihre Samen zum Sprießen, Wachsen und Blühen bringt. Ohne Wasser ruhen diese Samen. Waren Sie schon einmal in der Wüste? In Südost-Arizona ist zwischen den Pflanzen, die dort wachsen, kahler Boden, Felsen und Erde, heiß und  trocken. Jahrein, jahraus ist es so. Gelegentlich kommt Regen, immer rechtzeitig im Herbst, und dann wieder im Frühjahr, und plötzlich sind diese kahlen Stellen mit bunten Wildblumen bedeckt.  Ein Blütenmeer von goldenen Mohnblumen, blauen Lupinen, rosa von diesem oder jenem. Es ist außergewöhnlich und atemberaubend. Sie blühen ein paar Wochen, dann vertrocknen sie und verschwinden wieder. Wir wol-

Zusammen freuen

Sarahni Stumpf

Im Seminar „Vier Schritte zur Heilung" erzählte eine Teilnehmerin von ihrer Freundin, mit der sie am Morgen telefoniert hatte. Die Freundin fühlte sich schwach, und ihr war übel. Andere Teilnehmer, die diese Freundin auch kannten, erzählten spontan Geschichten über ihre Freundlichkeit und Hilfsbereitschaft. Gemeinsam freuten wir uns über ihre Güte. In der folgenden Sitzung haben wir erfahren, dass ihre Krankheit verschwunden war, wenige Stunden, nachdem wir uns in unserer Gruppe total für sie gefreut hatten.

len nicht, dass unsere geistigen Samen der neuen Handlungsweise so sind, dass sie sich nur zu der seltenen Gelegenheit zeigen, wenn die Bedingungen gerade stimmen. Wir wollen Wildblumen in der Wüste jedes Jahr für alle!

Damit das, was wir wollen, geschieht und andauert, müssen wir die Freude über unsere guten Samen zur täglichen Gewohnheit machen. Im Lauf unseres geschäftigen Arbeitstages können wir uns etwas Zeit für unsere Freude nehmen. Am Besten immer zur gleichen Zeit tagsüber oder abends. Das hilft, dass die Gewohnheit sich verfestigt. Aber irgendeine beliebige Zeit ist besser als gar keine Zeit. Mein Lehrer empfiehlt, dass wir uns freuen, bevor wir einschlafen. Machen Sie es sich bequem, sagt er. Nehmen Sie einen Arm hoch, legen Sie die Hand unter den Kopf, schauen Sie mit einem träumerischen Blick, der in die Ferne schweift, zur Decke und denken Sie über die guten Samen nach, die Sie mit Ihren Vier Schritten gepflanzt haben (wann auch immer das war). Erinnern Sie sich an die Planung. Erinnern Sie sich daran, wie sie Ihre hohe Absicht beibehalten haben. Erinnern Sie sich daran, wie Sie jemandem geholfen haben; wie derjenige es scheinbar genossen hat; wie sehr Sie es genossen haben, und erinnern Sie sich daran, dass Sie das bald wieder tun wollen. Hierbei geht es darum, dass Sie mit sich selbst glücklich sind über das was Sie getan haben. Sie müssen auch nicht bei einer einzigen guten Tat aufhören. Sie können sich total über alles Gute freuen, das sie getan haben oder das Sie bei anderen gesehen haben, sei es vor kurzem und vor langer Zeit. Freuen Sie sich über die gleichen Samen so oft Sie wollen. Es gibt kein Ablaufdatum für geistige Samen. Freude kennt keine Grenzen.

Ich muss gestehen, dass ich oft einschlafe, bevor ich mit meiner Liste fertig bin. Nach einigen Monaten dieser Praxis habe ich jedoch bemerkt, dass ich mitten in der Nacht aufwache und dort weitermache, wo ich aufgehört habe.

Menschen mit turbulentem Familienleben müssen ihre totale Freude vielleicht zu einer anderen Zeit einplanen. Vielleicht ist die einzige Zeit, die Sie für sich selbst haben, wenn Sie in Ihrem Auto zur Arbeit fahren. Richten Sie es so ein, dass Sie fünfzehn bis zwanzig Minuten früher aus dem Haus gehen, sitzen Sie einfach im Auto bevor Sie losfahren und freuen Sie sich. Oder legen Sie eine Zeit in der Mittagspause fest, in der Sie sich total freuen, oder im Auto vor der Fahrt nach Hause. Probieren Sie aus, was für Sie passt, aber lassen Sie es nicht aus. Eine weitere Möglichkeit ist, Ihre Freude mit Ihrer Familie zu teilen, vielleicht beim gemeinsamen Abendessen. Dann könnte jeder die guten Dinge, die er an diesem Tag getan hat, teilen. Stellen Sie sich vor, welche Auswirkungen das auf jedermanns Samen hätte!

Erstaunlicherweise haben viele Menschen große Schwierigkeiten mit diesem einfachsten der Vier Schritte. Ich gehörte auch dazu. Jedes Mal, wenn ich mich an die guten Samen, die ich gepflanzt hatte, erinnert habe, hat mich mein Geist sofort auf meine Fehler hingewiesen: Ich habe das, was ich geplant habe, nicht gut genug gemacht, oder meine Absicht war nicht bewusst genug, oder ich hatte vor etwas zu tun, und dann habe ich es nicht getan. Es brauchte gezielte Anstrengung, um diese Gewohnheit abzulegen. Es ist nie hilfreich, sich wegen Fehler oder Misserfolgen fertigzumachen.

Es ist hilfreich, an die „schöne Vorstellung" zu denken. Jeder Mensch auf der Welt hilft jedem anderen, seinen Wunsch nach vollkommener Gesundheit zu erfüllen – durch das Pflanzen von geistigen Samen. Denken Sie daran, wie gut es sich anfühlt, zu wissen, dass wir unseren Teil dazu beitragen. Die Auswirkungen sind enorm. Jede kleinste Veränderung, die wir in unserem Ver-

halten anderen gegenüber vornehmen, mit liebevoller Güte als unser Wegweiser, wird auf lange Sicht einen großen Unterschied machen. Wir wässern diese guten Samen, damit sie keimen und wachsen können, mit den Anstrengungen, die wir unternehmen, mit den Möglichkeiten sie fortzuführen und indem wir mit uns zufrieden sind. Das fördert ihre Reifung und verkürzt die Verzögerung. Wir werden Veränderungen bemerken. Vielleicht begegnen uns mehr Menschen mit einem ähnlichen Problem, und damit wächst unsere Chance zu helfen. Vielleicht erfahren wir von neuen Heilmethoden. Oder wir werden einfach glücklicher, weil es sich gut anfühlt, anderen in irgendeiner Weise zu helfen. Wie auch immer die Verbesserung aussieht, sie wird unsere Erfahrung des Vier-Schritte-Prozesses bekräftigen, und sie macht jeden einzelnen Schritt leichter.

Sich über die guten Taten von anderen freuen

Sarahni Stumpf

Meine Nichte hatte einen großen Knoten an der Schilddrüse. Ihre Mutter hatte etwa im gleichen Alter Schilddrüsenkrebs. Sie waren natürlich besorgt und warteten gespannt auf den Termin für die Biopsie, die in einer Woche stattfinden sollte. Ich fragte meine Schwester, was ihre Tochter in der Vergangenheit getan hatte, um jemandem in punkto Gesundheit und Wohlbefinden zu helfen. Sie erzählte mir, dass die Mitbewohnerin ihrer Tochter im College eine insulinabhängige Diabetes entwickelt hatte. Meine Nichte wurde darin trainiert, ihre Freundin zu überwachen und ihr zu helfen, mit dieser schlimmen Krankheit zurecht zu kommen, sodass sie an der Schule bleiben konnte.

Zusammen freuten wir uns total über diese Güte und ich fuhr fort, mich voller Glück daran zu erinnern und sendete meine Absichten für ein positives Ergebnis aus. Das Geschwür erwies sich als eine gutartige Zyste, was natürlich viel häufiger vor-

Der Hund, der Stift und das Stöckchen

kommt als Krebs. Bis zu seiner vollständigen Diagnose jedoch war es weder gutartig noch bösartig. Wenn mir jetzt jemand von einem Problem erzählt, das er oder ein Nahestehender hat, frage ich wie er anderen mit ähnlichen Problemen geholfen hat. Ich ermutige ihn, sich daran mit Freude zu erinnern und dieses Gute einem positiven Ergebnis der aktuellen Schwierigkeiten zu widmen. Auch ich freue mich immer wieder an seinen guten Taten und widme meine Bemühungen einem positiven Ergebnis für ihn.

Rückblick auf die Vier Schritte

Hier sind die Vier Schritte, mit denen wir die Ursachen für die Ergebnisse erschaffen, die wir in der Zukunft erleben wollen:

Schritt 1: Die richtige Identifizierung dessen, was wir wirklich wollen, auf eine spezifische, prägnante und positive Art und Weise ausgedrückt.

Schritt 2: Planung. Welche Aktivitäten erfüllen die Kriterien, damit sie die Ursachen für unsere gewünschten Ergebnisse sind? Mit wem wollen wir unseren Plan ausführen? Einen Zeitplan für diese Aktivitäten erstellen und uns ihm verpflichten. Den Plan täglich überprüfen und ihn dadurch aktuell halten. Haben Sie Spaß daran!

Schritt 3: Wir denken an unsere Absicht und unser Verständnis vom Pflanzen geistiger Samen, während wir unsere geplanten Aktivitäten durchführen. Wichtig dabei ist es, das hohe Ideal zu halten, derjenige zu sein, der diese Methode verbreitet, der dadurch eine Revolution der Verhaltensweisen herbeiführt und sich dabei die ganze Zeit an seinen guten Taten erfreut.

Schritt 4: Sich darüber freuen, was man Gutes für andere getan hat! Sich daran erinnern, es genießen und an die Freude denken, die es anderen zu bringen scheint. Wir dehnen diese Freude auf unsere anderen guten Taten, die wir vollbracht haben aus und beschließen, dass wir am nächsten Tag noch mehr dieser Taten vollbringen werden.

Der gesamte Prozess

Alix Rowland

Ich arbeite als Immobilienmaklerin, obwohl ich von meiner Persönlichkeit keine Verkäuferin bin. Ich wollte nie wirklich eine Geschäftsfrau sein, aber ich musste einen Weg finden, um genug Geld zu verdienen, um meinen Haushalt zu finanzieren und meine beiden Kinder aufs College schicken zu können. Meine Familie ist seit vielen Jahren im Immobiliengeschäft. Während der Rezession, als unsere persönlichen Immobilien an Wert verloren hatten und unverkäuflich waren, habe ich mich entschieden, Maklerin zu werden. Meine Freundin traf die gleiche Entscheidung aus den gleichen Gründen. Wir gingen zusammen auf eine Schule für Immobilienmakler und schlossen uns als Zweierteam einer Maklerfirma an.

Drei Jahre später erfuhr ich, wie man die Vier Schritte anwenden kann, um Geschäftsprobleme zu lösen. 1) Mein Geschäftsproblem? Mein Einkommen war instabil. Manchmal verdiente ich genug Geld,

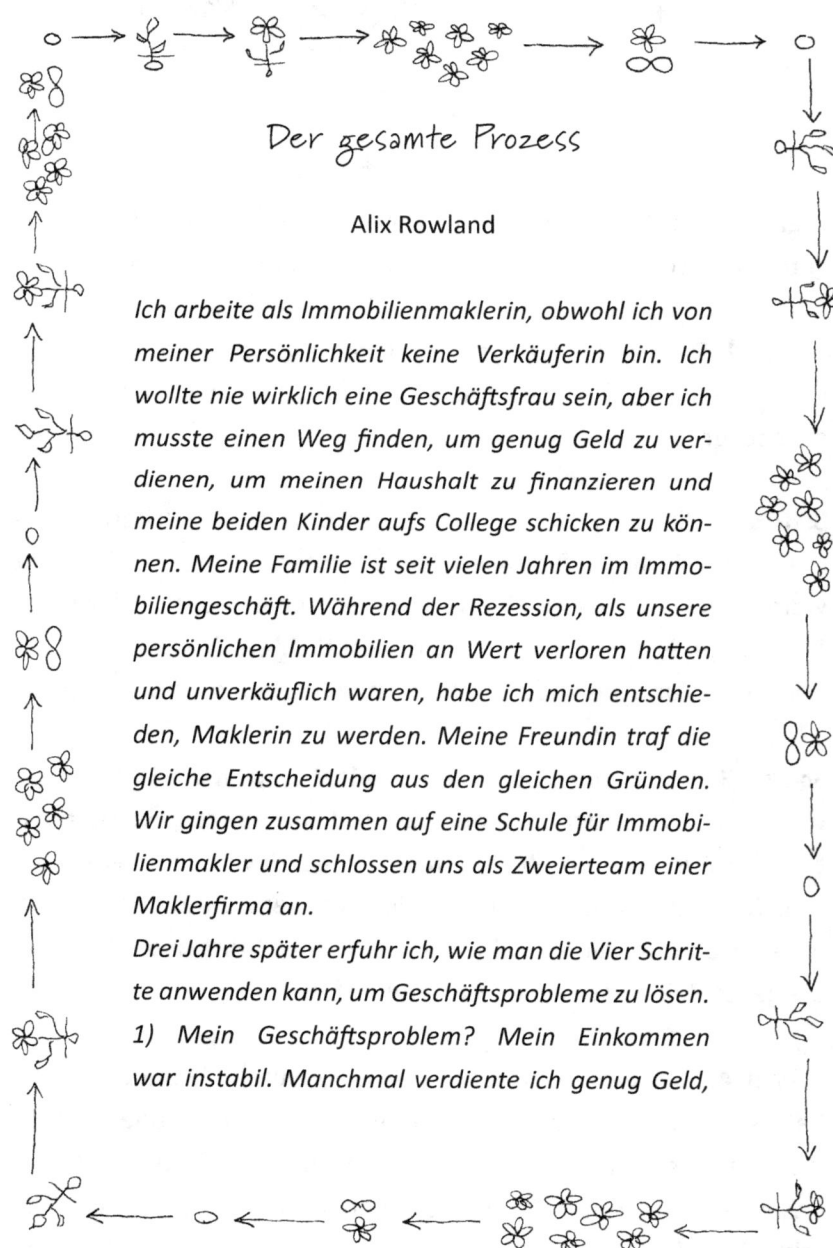

um die Rechnungen zu bezahlen. Zu anderen Zeiten war ich Monate ohne Gehalt und konnte mich kaum über Wasser halten.

2) Ich hielt Ausschau nach jemandem, der ein ähnliches Problem hatte. Und es war meine Geschäftspartnerin! Sie hatte genau das gleiche Problem, da wir alle unsere Gewinne und Aufwendungen 50/50 teilten. Sie war die perfekte Person, der ich helfen konnte, ein stabiles Einkommen zu entwickeln.

3) Anfang 2015 habe ich einen Plan gemacht. Ich habe angefangen, bei der Arbeit über die Bedürfnisse meiner Partnerin nachzudenken. Welche persönlichen finanziellen Probleme hatte sie? Was genau wollte sie, dass ich in der Arbeit tun sollte? Welche Aufgaben und Verhaltensweisen sollte ich übernehmen? Wie könnte ich ihr den Tag verschönern? Etwas zum Mittagessen kaufen? Kaffee bringen? Im Gespräch mit anderen habe ich auch versucht, ihre Leistung und ihr ethisches Verhalten anzuerkennen. Jedes Mal wenn ich anfing, mich

um meine finanzielle Situation zu sorgen, habe ich mich stattdessen auf ihre finanziellen Bedürfnisse konzentriert. Solange ich mich daran erinnerte war mein Stressniveau niedriger, und ich war bei der Arbeit glücklicher.

4) Fast jeden Abend dachte ich vor dem Einschlafen an die guten Dinge, die ich an diesem Tag getan hatte, die meiner Partnerin geholfen hatten, unserem Geschäft und unseren Kunden. Ich freute mich total darüber, dass ich helfen konnte. Ich malte mir auch viele Situationen aus, in denen sich andere Menschen gegenseitig unterstützten.

Unerwartetes Ergebnis: Ja, unser Geschäft läuft gut, und unser Einkommen ist stabiler. Dann, im Dezember 2015, erhielt ich einen Anteil des Familienvermögens, von dem ich nicht einmal wusste, dass meine Familie es besaß. Das war genug, um mein Haus und meine Kreditkarten abzubezahlen. Ich bezahlte Rechnungen im voraus, sodass ich mich nicht mehr darum kümmern musste. Ich war auch in der

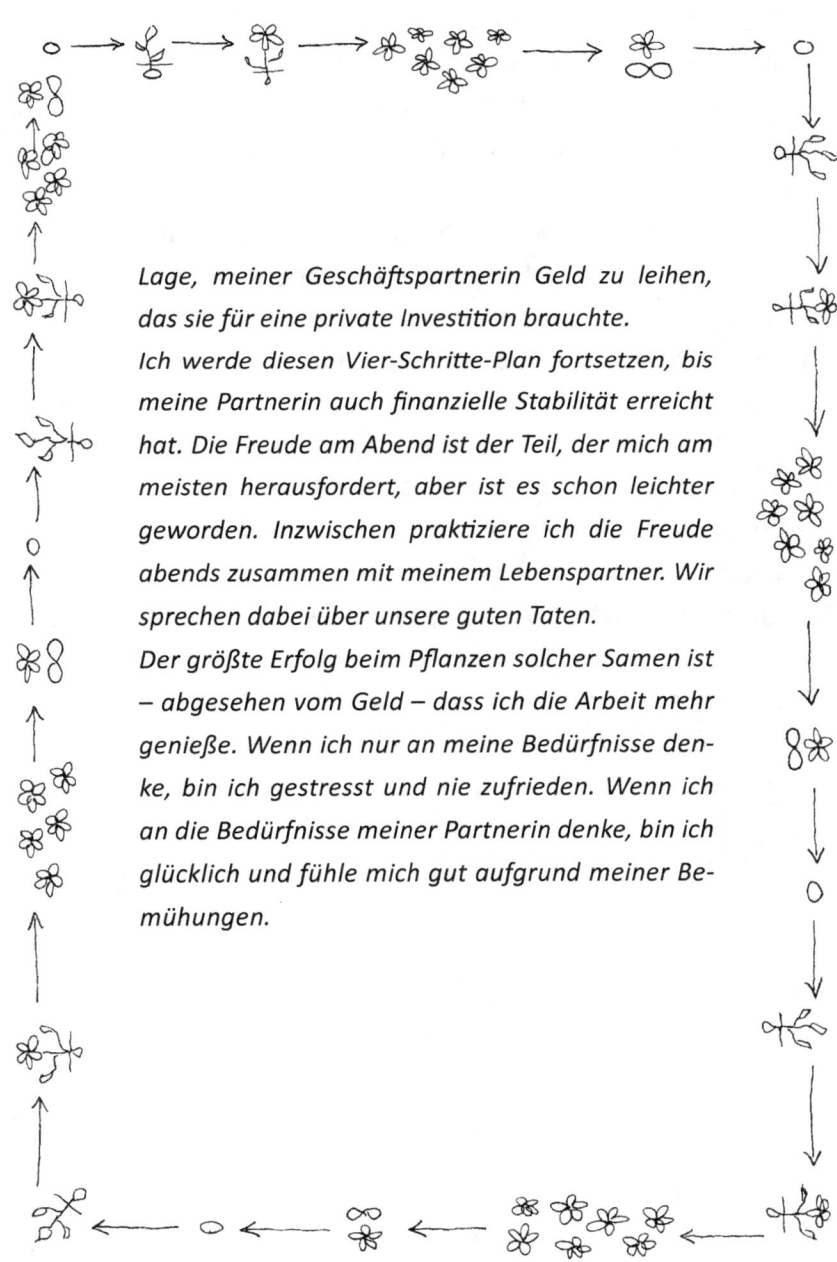

Lage, meiner Geschäftspartnerin Geld zu leihen, das sie für eine private Investition brauchte.

Ich werde diesen Vier-Schritte-Plan fortsetzen, bis meine Partnerin auch finanzielle Stabilität erreicht hat. Die Freude am Abend ist der Teil, der mich am meisten herausfordert, aber ist es schon leichter geworden. Inzwischen praktiziere ich die Freude abends zusammen mit meinem Lebenspartner. Wir sprechen dabei über unsere guten Taten.

Der größte Erfolg beim Pflanzen solcher Samen ist – abgesehen vom Geld – dass ich die Arbeit mehr genieße. Wenn ich nur an meine Bedürfnisse denke, bin ich gestresst und nie zufrieden. Wenn ich an die Bedürfnisse meiner Partnerin denke, bin ich glücklich und fühle mich gut aufgrund meiner Bemühungen.

Sie sehen, es ist wirklich nicht so schwierig. Aber es wird nicht wie durch ein Wunder geschehen, solange Sie noch nicht die Samen dafür haben. Bringen Sie einen kleinen Einsatz, dann erhalten Sie ein kleines Ergebnis, das längere Zeit auf sich warten lässt oder schwer zu erkennen ist. Setzen Sie sich so ein, als ob Ihr Leben davon abhängt, dann werden Sie über die Veränderungen, die Sie erleben, erstaunt sein. Nehmen Sie sich jeden Tag etwas Zeit, um Ihre „Ich will ..."-Aussage und den Plan, anderen zu helfen, im Gedächtnis aufzufrischen. Wenn nötig, wandeln sie beide etwas ab. Machen Sie aber keine andere „Ich will ..."-Aussage oder einen anderen Plan, bis Sie Ihre ursprüngliche Verpflichtung abgeschlossen haben. Vielleicht nicht mal dann. Unter Umständen müssen Sie überhaupt nichts daran ändern, was Sie tun. Überprüfen Sie Ihren Gesundheitszustand anhand der Liste nach vier bis sechs Monaten, um zu sehen, was sich verändert hat und worauf Sie nun ihre Aufmerksamkeit richten müssen. Machen Sie eine neue „Ich will ..."-Aussage und einen neuen Plan mit neuen Taten und fügen Sie diese neue Freude zur alten Freude hinzu.

Unerwünschte Samen entfernen

Wir pflanzen Samen, die in unserem Leben
als Ergebnisse erblühen,
also ist es am besten, das Unkraut von
Zorn, Habsucht, Neid und Zweifel zu entfernen,
dass Frieden und Fülle sich für alle offenbaren können
Dorothy Day

Jemand hat mir folgende Situation geschildert: „Ich sehe das mächtige Potenzial von dem, was Sie mit uns geteilt haben", sagte er. „Ich habe keine Gesundheitsprobleme, aber meine Frau. Und sie ist zu krank, um etwas für andere zu tun, das deren Gesundheit verbessert. Sie fühlt sich sogar zu mies, um überhaupt dieser Sache mit Samen richtig zuzuhören. Gibt es eine Möglichkeit, dass ihr meine Vier Schritte helfen können?"

Das bringt uns zur Nr. 4 der 4x4, zu den Vier Kräften. Damit entfernen wir die Samen, die wir schon haben und die uns Ergebnisse bringen, die wir nicht haben wollen.

Die alten Schriften lehren, dass dieses Konzept von keinem Selbst, von der leeren Natur aller Dinge, eine Sache ist, die tief verborgen ist. Das bedeutet, dass es sehr schwierig ist, dies direkt zu erfahren. Und er lehrte, dass die spezifische Funktionsweise von geistigen Samen, die unsere Erfahrungen erschaffen, außerordentlich tief verborgen ist. Ihre Auswirkungen sind so kompliziert und umfangreich, dass es jenseits des menschlichen Verstandes liegt, sie zu ergründen. Aber wir können das Prinzip gut genug verstehen, um es zu nutzen. Es läuft darauf hinaus: Wenn wir etwas Unangenehmes erleben, ist es die Reifung einer ähnlichen unschönen Tat, die wir in der Vergangenheit anderen gegenüber begangen haben. Wenn wir etwas als angenehm erleben, ist es die Reifung einer ähnlichen guten Tat, die wir anderen gegenüber in der Vergangenheit begangen haben. Wenn unser Ehepartner krank ist, finden wir das unangenehm, denn wir wollen ja, dass er sich wohlfühlt und glücklich ist. Wir müssen diese Situation als unser eigenes Spiegelbild erkennen. Irgendwie haben wir uns so benommen, dass wir damit verursacht haben, dass andere krank wurden und krank blieben. Wahrscheinlich haben wir immer noch subtile Verhaltensweisen, die sich auf die Gesundheit und das Glück anderer negativ auswirken. Um unserem Ehepartner zu helfen, müssen wir diese Samen entfernen. Wir müssen diese Verhaltensweisen stoppen und sie in solche umwandeln, die förderlich sind für Leben, Gesundheit und Glück anderer Menschen, einschließlich unseres Ehepartners.

Die Vier Kräfte

Die Methode, negative Samen zu entfernen, hat vier Teile. Genau wie bei den Vier Schritten müssen alle vier Teile angewendet werden, um erfolgreich zu sein. Und genau wie bei den Vier Schritten bringt eine vage Anwendung der Vier Kräfte vage erkennbare Ergebnisse. Kraftvoll angewandte Vier Kräfte bringen kraftvolle Ergebnisse.

Die Vier Kräfte:
1. Erkennen
2. Bedauern
3. Ausgleichshandlung
4. Zurückhaltung

Teil eins, das Erkennen, hat mehrere Ebenen. Es beginnt mit der ersten Erkenntnis, dass wir negative Samen in unserem Geist haben müssen, da uns unangenehme Dinge widerfahren. Wenn wir das akzeptieren, wollen wir natürlich möglichst viele dieser unangenehmen Ergebnisse vermeiden. Wir erinnern uns an unser Verständnis von geistigen Samen und wie sie gepflanzt werden. Dadurch müssen wir zu dem Schluss kommen, dass wir diese negativen geistigen Samen durch unsere Gedanken, Worte und/oder Taten in der Vergangenheit gepflanzt haben. Wir übernehmen die Verantwortung dafür, und gleichzeitig finden wir Trost in der Tatsache, dass wir auch für ihre Ausmerzung verantwortlich sein können. Das gibt ein gewisses Gefühl von Erleichterung oder Schutz. Dieses kommt aus dem Wissen, dass wir den Prozess kennen, wie das Pflanzen und Entfernen von geistigen Samen funktioniert; dass wir wissen, was wir tun können, um diesen Prozess bewusst zu beeinflussen; dass wir natürlich auch wissen, dass die Ergebnisse nicht sofort eintreten.

Dann müssen wir wieder eine Bestandsaufnahme von uns und unserem Verhalten machen. Wir suchen Gewohnheiten im Denken, Sprechen und Handeln, die offensichtlich oder subtil schädlich, belastend oder krankmachend für andere sind.

Das erfordert Ehrlichkeit und die Bereitschaft, Teile von uns selbst anzuschauen, auf wir vielleicht nicht so stolz sind. Es fällt uns leichter, wenn wir das auf wertfreie Art und Weise machen, als Bestandteil dieses Prozesses vom Entfernen von Samen, anstatt nur unsere Fehler aufzuzeigen. Wenn wir verstehen, wie diese vergangenen Verhaltensweisen durch unsere falschen Vorstellungen bedingt sind, dann können wir dieses nicht wertende Herz kultivieren. Es ist ein Akt des Mitgefühls, den Irrglauben zu erkennen, der die Entscheidungen für unser Verhalten beeinflusst hat. Es ist ein Akt des Mitgefühls, den Wunsch, etwas zu ändern wachsen zu lassen.

Die Kunst besteht darin, die Unannehmlichkeiten, die wir oder andere erleben, als Leitfaden, als Spiegelung des eigenen Verhaltens zu sehen. Manchmal ist die Verbindung sehr offensichtlich. Angenommen, Sie wissen, dass Sie ein Problem mit Ihrem Temperament haben; von Zeit zu Zeit platzt Ihnen der Kragen. Dann tritt eine neue Person in Ihr Leben, die zu Wutausbrüchen neigt. Wenn Sie ein 4x4ler sind, werden Sie sofort das Wachstum und die Reifung Ihrer Wutanfälle aus der Vergangenheit erkennen. Dann werden Sie sich wahrscheinlich entscheiden, etwas dagegen zu unternehmen.

Oft ist es nicht so offensichtlich, vor allem in Bezug auf die Gesundheit. Es kann hilfreich sein, die Listen der allgemeinen und alternativen Gesundheitstipps durchzugehen, die zu einer guten Gesundheit beitragen und die Lebensqualität steigern (siehe Anhang). Während wir uns diese Listen anschauen, überlegen wir, wie unser Verhalten die Gesundheit und das Wohlbefinden anderer unterstützt oder stört. Vielleicht sind einige unserer Kollegen im Büro übergewichtig oder haben Diabetes. Trotzdem bringen wir Süßigkeiten mit, die wir mit allen teilen, weil es sie glücklich macht. Sehen Sie, wie heikel das ist? Ja, es macht sie im Moment glücklich, oder es scheint zumindest so, aber auf lange Sicht schadet es ihnen. So haben wir Samen gepflanzt, die für uns reifen, dass uns jemand Schaden zufügt im Bemühen, uns glücklich zu machen. Wir könnten daher entscheiden, mehr gesunde Leckereien mitzubringen, um sie zu teilen. Wir überprüfen unser eigenes Verhalten damit wir sehen, was wir ändern müssen. Wir wollen sowohl Glück als auch Gesundheit ins Leben anderer Menschen bringen.

Nehmen Sie sich eine oder zwei Wochen Zeit, in denen Sie Ihre Aufmerksamkeit auf die verschiedenen Situationen lenken, die im Umgang mit anderen entstehen. Suchen Sie nach Gewohnheiten, die Sie haben und von denen Sie jetzt wissen, dass dadurch Samen gepflanzt werden, die Sie nicht wollen. Machen Sie eine Liste dieser Gewohnheiten.

Machen Sie auch noch eine zweite Liste. Für diese überprüfen Sie Ihre Vergangenheit. Suchen Sie nach Ereignissen, in denen etwas, das Sie getan haben, jemand anderem geschadet hat; Menschen oder anderen Lebewesen, absichtlich oder unabsichtlich. Seien Sie ehrlich und gründlich, denn Sie wollen diese alle ausmerzen.

Sobald wir mit der Praxis der Vier Kräfte vertraut sind, brauchen wir keine Listen mehr. Wir wenden dann die Vier Kräfte immer an, wenn wir uns dabei ertappen, wie wir anfangen, negative Samen zu pflanzen. Das schaffen wir vielleicht nicht immer sofort, aber wir sollten es in unser tägliches Leben übernehmen.

Sobald wir unsere Listen gemacht haben, sind wir bereit, die Vier Kräfte anzuwenden. Wir haben die Verhaltensweisen erkannt, die zu der Negativität, die wir erleben, beitragen. Wir fügen zu dieser Erkenntnis unser Verständnis dazu, dass diese Verhaltensweisen durch geistige Samen angetrieben werden. Wenn wir sie wiederholen, pflanzt das neue geistige Samen für ähnliche negative Ergebnisse. Diese geistigen Samen sind es, die wir beschädigen wollen, um so die Reifung ihrer Ergebnisse zu verhindern oder zu verändern.

In Teil zwei wenden wir die Kraft des Bedauerns an. Bedauern ist ein Geisteszustand (eine Emotion), in dem wir aus tiefstem Herzen wünschen, dass wir das, was wir taten, nicht getan hätten. Das ist etwas ganz anderes als Schuld. Schuld ist nicht im geringsten hilfreich; Schuld nagt nur an unserem Selbstvertrauen.

Bedauern ist eine starke positive Kraft. Sie beeinflusst die negativen geistigen Samen genauso, wie Unkrautvernichtungsmittel auf Unkraut wirkt. Es stoppt ihr Wachstum, obwohl wir immer noch das Unkraut jäten müssen, um den Garten davon zu befreien.

Die Erklärung des Bedauerns in den klassisch Schriften wird folgendermaßen umschrieben: Drei Männer stürzen in eine Bar für eine Erfrischung. Ihnen ist heiß, und sie sind müde. Sie deuten auf eine Flasche: „Wir nehmen das." In seiner Eile, sie zu bedienen, greift der Barkeeper nach der Flasche und schenkt drei Gläser ein. Sie stoßen an mit „Prost" und leeren sie in einem Zug. Innerhalb weniger Augenblicke fällt einer von ihnen tot um. Die beiden anderen schauen sich an, und der zweite Mann und fällt tot um. Der dritte Mann hat in diesem Moment echtes, tiefes Bedauern darüber, dass er getrunken hat, was auch immer es war.

Bedauern stellt sich natürlicherweise ein, sobald wir erkennen, dass die Tat, die wir getan haben, zu uns zurückkommt und uns schaden wird. Im Ausüben unserer 4x4 wird Bedauern auch entstehen, sobald wir erkennen, dass unsere Taten, Gedanken oder Worte auch auf andere zurückfallen, um ihnen zu schaden. Unser Bedauern zu kultivieren verstärkt unsere Bemühungen, freundlicher zu sein und bewusster zu handeln in Bezug auf die Samen, die wir im Umgang mit anderen pflanzen. Das führt ganz natürlicherweise zu dem Wunsch, etwas zu tun, um unsere Fehler wieder gut zu machen.

In Teil 3 wenden wir die Ausgleichshandlung an. Eine Ausgleichshandlung ist etwas, das wir anwenden, um etwas Falsches wieder gutzumachen. Eine Anwendung dieses Gegenmittels für unsere eigene Heilung oder die von jemand anderem, können unsere Vier Schritte sein, nämlich die neuen gewünschten Samen zu pflanzen. Um ein Gegenmittel anzuwenden, können wir einfach

Heilung erscheint nicht immer in der Art, wie wir sie erwarten

Margaret Noonan und Sarahni Stumpf

Bei meinem 25-jährigen Neffen wurde ein rezidivierender Tumor unter der Zunge festgestellt und behandelt. Ich hatte die Gelegenheit, einige Zeit mit seiner Mutter zu verbringen, meiner Schwägerin. Ich hatte auch eine Freundin, die gerade in Behandlung wegen ihrem Brustkrebs war. Ich nahm sie als Beispiel und sprach mit Margaret über geistige Samen zum Schutz von Leben. Ich sprach darüber, wie man mit ihnen versuchen kann, die reifenden Samen eines geliebten Menschen, der eine lebensbedrohliche Krankheit hat, zu verändern. Ich sagte ihr, dass ich Regenwürmer kaufen wollte, die als Fischköder verkauft werden sollten und sie in meinem Garten freilassen wollte. Dadurch wollte ich Samen zum Schutz von Leben in meinem Geist pflanzen und sie meiner Freundin widmen, damit ihre Krebsbehandlung anschlägt (das funktionierte, zumindest bis jetzt). Margaret sagte: „Dann werde ich auch einige für Kirk freilassen."

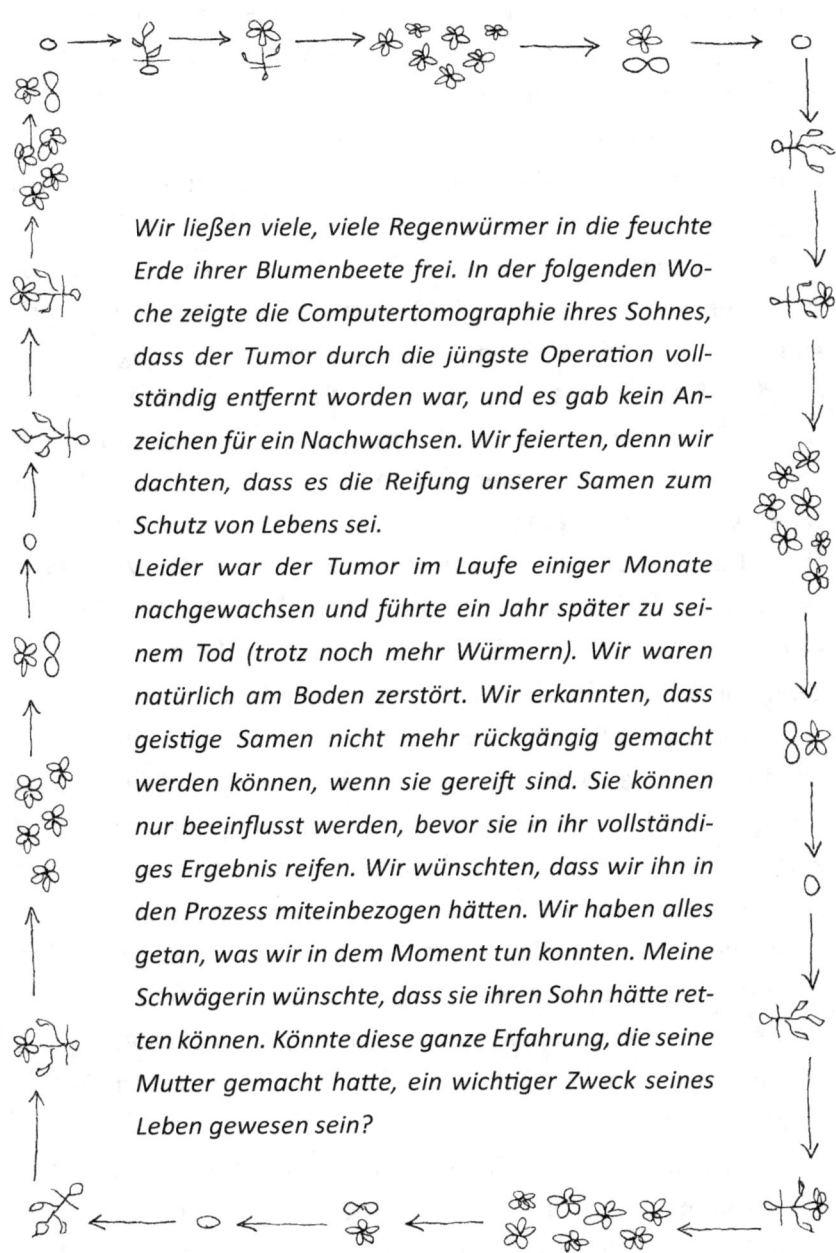

Wir ließen viele, viele Regenwürmer in die feuchte Erde ihrer Blumenbeete frei. In der folgenden Woche zeigte die Computertomographie ihres Sohnes, dass der Tumor durch die jüngste Operation vollständig entfernt worden war, und es gab kein Anzeichen für ein Nachwachsen. Wir feierten, denn wir dachten, dass es die Reifung unserer Samen zum Schutz von Lebens sei.

Leider war der Tumor im Laufe einiger Monate nachgewachsen und führte ein Jahr später zu seinem Tod (trotz noch mehr Würmern). Wir waren natürlich am Boden zerstört. Wir erkannten, dass geistige Samen nicht mehr rückgängig gemacht werden können, wenn sie gereift sind. Sie können nur beeinflusst werden, bevor sie in ihr vollständiges Ergebnis reifen. Wir wünschten, dass wir ihn in den Prozess miteinbezogen hätten. Wir haben alles getan, was wir in dem Moment tun konnten. Meine Schwägerin wünschte, dass sie ihren Sohn hätte retten können. Könnte diese ganze Erfahrung, die seine Mutter gemacht hatte, ein wichtiger Zweck seines Leben gewesen sein?

den dritten der Vier Schritte wieder aufgreifen: die absichtliche Handlung. Wir erweitern unsere hohen Absichten: „Ich werde in die Selbsthilfegruppe gehen, damit ich gute Samen pflanze. Ich möchte mich sehen, wie ich anderen helfe. Das ist das Gegenmittel für die Samen, mit denen ich anderen geschadet habe, und ich trage damit zur Revolution der Gesundheitsfürsorge bei."

Nun, wenn wir unsere vorsätzliche Aktion zur Wiedergutmachung nur ein- oder zweimal im Monat ausüben, sollten wir noch andere Möglichkeiten finden, unser Gegenmittel häufiger anzuwenden. Eine gute Faustregel für Ausgleichshandlungen ist, das Gegenteil von dem zu tun, mit dem wir die Samen gepflanzt haben, die wir jetzt loswerden wollen. Ein Beispiel dazu: Vielleicht waren wir in der Vergangenheit in einen gewissen Akt der Tötung eines Tieres involviert, den wir jetzt bereuen. Es war vor langer Zeit. Damals dachten wir nicht, dass es falsch wäre, aber jetzt wissen wir, dass die Samen gewachsen sind und auf eine sehr unangenehme Art und Weise zurückkommen werden. Wir bedauern es aufrichtig und wollen unser Gegenmittel anwenden. Dieses Mittel muss eine starke Form von Leben-Schützen sein. Wir könnten ein Haustier aus dem Tierheim zu uns nehmen oder eines, das sonst eingeschläfert wird. Oder wir könnten Regenwürmer kaufen, die sonst als Fischköder verwendet werden. Wir kaufen gleich alle, die für die gesamte Fangsaison bestimmt sind, und setzen sie im Garten aus. Mit etwas Fantasie werden Sie genug Dinge finden, die Sie tun können. Machen Sie mit sich selbst eine Abmachung, die sich als Ausgleichshandlung stark genug anfühlt. Dann halten Sie sich an die Abmachung.

Zum Schluss nehmen Sie noch den vierten Teil der Vier Kräfte in Ihre Abmachung mit auf, die Kraft der Zurückhaltung. Um die Kraft dieser negativen geistigen Samen vollständig zu neutralisieren, müssen wir uns zurückhalten, dieses negative Verhalten zu wiederholen. Das ist schwieriger als wir vielleicht denken. Wir müssen ein hohes Maß an bewusster Wachsamkeit über unser Verhalten in jedem Augenblick kultivieren. Außerdem brauchen wir die Fähigkeit, uns selbst zu stoppen, wenn wir das, was wir zu unterlassen versprochen haben, dennoch tun. Einige der falschen Taten unserer Vergangenheit sind in unseren jetzigen Lebensumständen kein Thema, daher wird es einfach sein, die Kraft der Zurückhaltung zu halten. Da können wir wahrscheinlich sicher sagen: „Ich werde diese Tat nie wieder tun", und das auch halten. Aber wir werden sehen, dass wir immer wieder Handlungen ausführen, die – wie wir jetzt wissen – anderen auf subtile Weise schaden. Auf diese Handlungen wollen wir uns konzentrieren, da wir sie ausmerzen wollen. Bei diesen sollten wir nicht versprechen, sie nie wieder zu tun, weil wir nicht in der Lage sein werden, dieses Versprechen zu halten. Stattdessen geben wir ein Versprechen, sie zu unterlassen für einen bestimmten Zeitraum, von dem wir wissen, dass wir ihn einhalten können. Dieses Versprechen halten wir dann ein. Wir setzen die Vier Kräfte immer wieder bei dieser alten Gewohnheit ein und verlängern die Zeitdauer, in der wir die Kraft der Zurückhaltung aufbringen, bis wir die Gewohnheit nicht mehr haben.

Sagen wir, dass wir die Angewohnheit haben, ein bestimmtes Stoppschild immer zu ignorieren. Wir entscheiden für uns, dass wir damit einen negativen Samen pflanzen, der dazu führen kann, unserem eigenen oder dem Leben anderer zu schaden. Wir beschließen, die Vier Kräfte anzuwenden, um alle diese Samen aus der Vergangenheit herauszureißen. Wir wissen, dass wir uns dazu entscheiden müssen, Stoppschilder nicht mehr zu ignorieren. Aber mal ganz ehrlich, können Sie diese Gewohnheit ändern, nur durch die Entscheidung? Also fangen wir damit an, dass wir sagen: „Heute werde ich an der Linie an diesem bestimmten Stoppschild anhalten, egal, ob andere Autos kommen oder nicht." Dann tun Sie es!

Wir legen die Zurückhaltung vorläufig immer nur für einen Tag fest, bis es keine Anstrengung mehr braucht, an diesem Stoppschild anzuhalten. Dann können wir sie auf andere Stoppschilder und andere Fahrgewohnheiten ausweiten. Es kann wie ein Spiel werden. Wenn wir bemerken, dass wir das Stoppschild wieder ignoriert haben, bedauern wir das, erinnern uns an das beabsichtigte Gegenmittel und wenden die Zurückhaltung erneut an. Es fällt immer leichter und macht tatsächlich immer mehr Spaß. Wir erleben weniger Unannehmlichkeiten, wenn wir erstmal anfangen, die Reifung der negativen Samen zu verhindern. Aktuelle Unannehmlichkeiten werden nachlassen. Wir werden glücklicher, und die Menschen um uns herum werden glücklicher. Erstaunlicherweise machen uns die Unannehmlichkeiten, die noch kommen, ab einem gewissen Punkt nichts mehr aus, weil sie uns zeigen, welche weiteren Vier Kräfte wir anwenden können.

Rückblick über die Vier Kräfte

Eine Wiederholung der Vier Kräfte: Der erste Teil besteht darin zu erkennen, welche negativen geistigen Samen bei uns gerade reifen und welche wohl noch darauf warten. Wir erinnern uns daran, dass es die Macht der Vier Kräfte ist, die diese Samen ausreichend beschädigen kann, damit sie sich verändern oder ihre Reifung vollständig verhindert wird. Wir empfinden ein tiefes Bedauern, dass wir diese Taten getan haben (Gedanken, Worte und Handlungen), die diese Unkrautsamen gepflanzt haben. Wir wählen eine Ausgleichshandlung, die darin bestehen kann, absichtlich und regelmäßig das Gegenteil zu tun. Schließlich halten wir uns zurück, diese negative Tat zu wiederholen, wie wir es uns selbst versprochen haben. Es ist ratsam, das Sie es sich zur Gewohnheit machen, am Abend den Tag Revue passieren zu lassen. Dann können wir die Vier Kräfte auf all das anwenden, das wir getan haben, aber dessen Samen wir nicht haben wollen. In diesem Fall kann das Gegenmittel, das wir anwenden, die „Freude-Praxis" unserer Vier Schritte sein. Wir können unsere Kraft der Zurückhaltung auf unser Verhalten am nächsten Tag festlegen. Oder vielleicht legen wir unsere Kraft der Zurückhaltung vor der Freude als Gegenmittel fest, für den Fall, dass wir während dem Freuen einschlafen!

Rückblick auf die 4x4

4 Gesetze	4 Blumen	4 Schritte	4 Kräfte
Festgelegt	Reift ähnlich	Festlegen	Erkennen
Samen wachsen	Reift als Gewohnheit	Planen	Bedauern
Ohne pflanzen kein Ergebnis	Reift als Umwelt-Bedingungen	Handeln	Ausgleichshandlung
Was gepflanzt wurde, muss Ergebnis haben	Säen/Reifen 65 pro Sekunde; gehen nie aus	FREUEN!	Zurückhaltung

Abschluss: Wie könnte es sein?

Damit ist die Erklärung der 4x4, und wie wir sie in unserem Leben anwenden, abgeschlossen:

Die Vier Gesetze der geistigen Samen und wie sie funktionieren.
Die Vier Blumen und wie sie auf vier Arten reifen.
Die Vier Schritte, bewusst die Samen für das pflanzen, was wir in der Zukunft wollen.
Die Vier Kräfte, Samen für Unannehmlichkeit ausmerzen, von denen wir wissen, dass wir sie haben, und keine neuen mehr pflanzen.

Jemand, der die 4x4 beherrscht, wird sich selbst wie ein unbeteiligter Beobachter zuschauen. Er ist sich bewusst, wie Samen ständig reifen und durch seine eigenen Reaktionen wieder gepflanzt werden. Er entscheidet sich bewusst dazu, auf jede Situation mit liebender Güte zu reagieren. Er erkennt schnell, wenn er stattdessen mit Egoismus reagiert hat und entwickelt Bedauern. Er kann vielleicht sogar eine sofortige Ausgleichshandlung ausführen und seine Zurückhaltung anwenden. Zumindest wendet er seine Vier Kräfte täglich an.

Wie erleben wir eine Person, die die 4x4 anwendet? Wahrscheinlich ist sie damit beschäftigt, Menschen zu helfen, wo immer sie kann. Sie ist freundlich, sanft, fröhlich, locker, nicht wertend, aufgeschlossen, mit einer spürbaren Zufriedenheit und Frieden, weil sie weiß, wo alles herkommt und was damit zu tun ist. Anstatt sich aufzuregen, wenn sie von ihrem Platz im Flugzeug aufstehen muss, behandelt sie die Flugbegleiterin mit aufrichtiger Freundlichkeit und Geduld.

Wenn Sie die guten Samen haben, dass jemand in Ihrem Leben dieses Gefühl der Zufriedenheit und einer stillen Art von Glück verkörpert, fragen Sie ihn, ob er so geboren wurde oder ob er das erlernt hat. Wenn er sagt, dass er es gelernt hat, bitten Sie ihn, Ihnen zu helfen, das auch zu lernen.  Es ist enorm hilfreich, einen persönlichen Lehrer zu haben, der uns durch die Veränderungen, von denen wir gesprochen haben, führt. Vielleicht kennt diese besondere Person den Begriff die 4x4, vielleicht auch nicht. Ich vermute jedoch, dass sie die Wahrheit kennt: „Wir ernten, was wir säen; wir ernten, was wir gesät haben; wir können nicht ernten, was wir nicht gesät haben und wir werden ernten, was wir säen." Bitten Sie die Person, Ihnen zu helfen, damit Sie lernen, welche Samen zu pflanzen und welche Samen zu stoppen sind, um so zu werden wie sie ist; tief, zufrieden und glücklich. Dann können Sie andere lehren.

Sie wurden nicht nur für sich selbst gesegnet,
Sie wurden gesegnet, ein Segen für andere zu sein.
Ifeanyi Enoch Onuoha

Für Menschen in Heilberufen

Der einfache Akt der Fürsorge ist heldenhaft.
Edward Albert

FÜR ALLE, DIE IN DER GESUNDHEITSFÜRSORGE TÄTIG SIND

Vielen Dank, dass Sie dieses Buches gelesen haben, in dem es um eine andere Denkweise in Bezug auf Gesundheit und Wohlbefinden geht. Ich hoffe, dass es eine fehlende Verbindung offenbart, die Ihnen hilft, damit Ihre Arbeit in der Gesundheitsversorgung Sie noch mehr zufriedenstellt. Menschen mit Berufen im Gesundheitssektor sind in der einzigartigen Lage, diese Revolution in der Gesundheitsfürsorge bei ihren Patienten einzusetzen, sobald sie sich selbst ihre Gültigkeit bewiesen haben. Was in unserem aktuellen Gesundheitssystem fehlt ist, dass unsere Patienten im Geist absichtlich Samen zur Gesundheitsverbesserung pflanzen. Wir ermutigen sie, in der Gesundheitsvorsorge zu versuchen, das Rauchen aufzuhören, Gewicht zu verlieren, regelmäßig Sport zu treiben oder ihren Alkoholkonsum zu beschränken. Aber wir leiten sie nicht an, in diesen Verhaltensweisen anderen Menschen mit ähnlichen Bedürfnissen zu helfen erfolgreich zu sein. Aber wir könnten das.

Wir könnten schnell ein besonderes Rezept schreiben, das besagt: „Damit die Medikamente für Ihre Arthritis besser wirken, finden Sie jemanden mit Arthritis und nehmen Sie ihn einmal in der Woche mit zur Wassergymnastik." Krankenschwestern, Physiotherapeuten, Masseure, Berater, wir alle können unseren Patienten genaue Empfehlungen geben, so zu handeln, dass es ihrer Gesundheit hilft.

Wenn nicht alle vier Teile der Vier Schritte gemacht werden, sind die Ergebnisse vage. Aber nur dieser kleine Schritt, Menschen zu raten, anderen zu helfen, um ihre eigenen Behandlungsergebnisse zu verbessern, kann der Start für diese Revolution der Gesundheitsfürsorge sein.

Ich kenne eine Frau, die in der Gesundheitsfürsorge tätig war. Sie ist pensioniert und bietet jetzt Energiearbeit an. Was sie von den Patienten dafür verlangt, ist, dass sie vor dem Behandlungstermin dreimal jemand anderem helfen, sich besser zu fühlen. Der Patient erzählt dann, was er diesbezüglich getan hat, und sie freuen sich beide während die Behandlung durchgeführt wird. Ihre Behandlungen machen Spaß und sind erhebend.

Gesundheitsexperten sind auch in der Position, Menschen anzuleiten, anderen Menschen zu helfen. Sie können für diverse Selbsthilfegruppen werben oder sie in ihrem Büro oder im nahegelegenen Krankenhaus einrichten. Ein Netzwerk von Patienten, die die 4x4 verstehen und andere suchen, die bereit sind, Hilfe anzunehmen, kann die Verbindungen herstellen und diesen Austausch koordinieren. In Bildungsseminaren können die Patienten den gesamten Prozess lernen. Und ich träume weiter, fügen wir noch hinzu, dass die Krankenkassen alle unterstützen. Diese haben ihren Kostenvorteil erkannt, wenn sie sich selbst dabei sehen, dass sie Menschen in gesundheitsfördernden Gewohnheiten unterstützen.

In den 1980er-Jahren veröffentlichte Ken Keyes Jr. das Buch „Der hundertste Affe" (Vision Books, 1982), basierend auf soziologischen Studien unterschiedlicher Affengruppen, die auf verschiedenen Inseln rund um Japan leben. Die Forscher beobachteten eine Affenmutter, die die Gewohnheit hatte, ihre Kartoffeln zu waschen, bevor sie diese aß. Natürlich wuschen ihre Kinder ihre Kartoffeln auch. Aber seltsamerweise begannen nach einer bestimmten Anzahl von Jahren auf verschiedenen Teilen dieser Insel Affen, die das vorher nicht getan hatten, ihre Kartoffeln zu waschen. Dann, zur großen Überraschung aller, begannen Affen auf anderen Inseln ihre Kartoffeln zu waschen. Um es kurz zu sagen: Anhand dieser Daten wurde die Hypothese für ein globales Bewusstsein aufgestellt (in diesem Fall für diese Spezies von Affen). Dieses wurde dadurch beeinflusst, dass eine bestimmte Anzahl von Individuen das neue Verhalten angenommen hatte. Demnach hat der hundertste Affe, nachdem er das neue Verhalten angenommen hatte, dieses Verhalten in der gesamten Affenspezies ausgelöst, egal wo sie lebten. (Skeptiker glauben offenbar, dass zumindest ein kartoffelwaschender Affe auf eine andere Insel geschwommen ist und die Affen dort beeinflusst hat.)

Ich weiß ich nicht, ob es ein globales Bewusstsein der Menschen gibt oder nicht. Aber ich mag die Vorstellung, dass jeder von uns „der hundertste Affe" sein könnte. Jeder könnte eine Veränderung im menschlichen Bewusstsein auslösen, wie man die Gesundheit wiederherstellen und das Wohlbefinden erhalten kann.

Probieren Sie das 4x4-System doch an einem eigenen Problem aus. Überzeugen Sie sich von dem Nutzen, den Sie daraus ziehen. Dann lassen Sie bitte auch andere, mit denen sie zusammen sind und denen Sie helfen, irgendwie daran teilhaben. Ich kann Ihnen sagen, dass Ihre Zufriedenheit in der Versorgung Ihrer Patienten und Ihre Freude an Ihrer Praxis sprunghaft ansteigen werden. Wenn jeder von uns, der sich die Mühe gemacht hat, die 4x4 sich selbst zu beweisen, sie nur zehn anderen Menschen beibringt, und wenn von diesen zehn auch nur einer davon überzeugt ist und sie zehn weiteren beibringt, würden sich die Auswirkungen in unglaublichem Tempo verbreiten. Die Menschen würden über die Methode in vielen unterschiedlichen Zusammenhängen hören, da jeder mit jedem darüber spricht. Schließlich würde es die Verhaltensnorm werden, anderen zu helfen, das zu bekommen, was sie wollen und brauchen, damit unsere eigenen Bedürfnisse und Wünsche erfüllt werden. Jeder hilft jedem.

Mitgefühl für Mitgefühl

Shirley Dunn Perry

Als Krankenschwester habe ich unerträgliche Schmerzen und Leiden miterlebt. Als junge Krankenschwester traf ich an einem gewissen Punkt eine Entscheidung: Angesichts des Leidens wollte ich lieben, so gut ich konnte. Das Trauma im Leben der Menschen konnte ich nicht ändern, aber ich würde die Liebe weitergeben, die ich in meinem Leben erhalten hatte.

Eine meiner Patienten, Ruth, lag im Sterben. Jede kleinste Bewegung schmerzte fürchterlich. Wir hatten ihr Infusionen mit großen Mengen an Schmerzmitteln gegeben und konnten ihr doch nicht helfen. Eines Nachts, während ich sie umlagerte, schrie sie vor Schmerzen. Ich saß an ihrem Bett und brach in Tränen aus. Ich sagte ihr, wie leid es mir tat, ihr weh zu tun. Ich saß auf ihrer Bettkante, legte meinen Kopf zu ihr und schluchzte. Während ich so weinte, reichte Ruth mit großer Mühe zu mir herüber und strich mir über die Haare. Nie werde ich das Mitgefühl und die Liebe vergessen, die sie mir gezeigt hat.

Fragen und Antworten

Warum dann überhaupt Medikamente nehmen? Warum zum Arzt gehen? Warum irgendetwas etwas für sich selbst tun?

Wir müssen zwischen dem „Wie", den oberflächlichen Ursachen, und dem „Warum", den tieferen Ursachen für die Reifung der geistigen Samen unterscheiden. Wenn wir geistige Samen haben, die so reifen, dass unser Leiden geheilt wird, kann alles das Vehikel dafür sein. Die scheinbaren Bedingungen werden zum Vehikel, das reift, das zu der neuen Wahrnehmung beiträgt: Es geht gut oder zumindest besser. „Warum" die Medizin, die wir nehmen, wirkt und uns heilt, liegt an der Reifung der geistigen Samen, die dadurch erschaffen wurden, dass wir anderen geholfen haben. „Wie" die Heilung stattfindet, ist das Einnehmen der Medizin. Aus diesem Grund wirkt Medizin manchmal und manchmal nicht. Ohne das „Warum" – die Reifung – kann das „Wie" nicht passieren. Dennoch gehen sie in der Regel Hand in Hand. Zum Arzt gehen, wenn wir krank sind und Medizin für unsere Krankheit zu bekommen,

sind unterschiedliche geistige Samen, die eng miteinander verbunden sind. Oft reift einer nach dem anderen. Aber, um es noch einmal zu sagen, nicht immer, was wiederum das System beweist.

Machen Sie ein Experiment, wenn Sie das nächste Mal krank werden, zum Beispiel mit einer Erkältung. Normalerweise dauert eine Erkältung sieben bis zehn Tage, unabhängig davon, was Sie dagegen tun. Sie kennen wahrscheinlich den Krankheitsverlauf, wie ein Virus sie infiziert und er dann wieder aus Ihrem System entfernt wird. Sehr wahrscheinlich haben Sie Ihre eigene Methode, wie sie Ihre Beschwerden lindern, während Ihr Körper durch die Krankheit geht. Das nächste Mal, wenn Sie die ersten Symptome einer Erkältung bemerken, besorgen Sie sich Vitamin C, Lutschtabletten, Echinacea, abschwellende Mittel oder andere Medikamente und verteilen Sie das an andere, vor allem an jemanden, der sich auch nicht gut fühlt. Seien Sie besonders hilfsbereit, mit der Absicht, die Erkältung schneller loszuwerden und die „Revolution der Gesundheitsfürsorge" zu erschaffen. Sie können Ihre eigene übliche Behandlungsmethode anwenden, aber beobachten Sie, ob der Verlauf der Erkältung anders ist, und ob sie schneller weggeht. Vielleicht merken Sie beim ersten Mal keinen großen Unterschied. Aber versuchen Sie ein paar Mal, Ihre Erkältung dadurch zu behandeln, dass Sie anderen helfen. Das Ergebnis wird sie beeindrucken.

Es hilft auch, wenn Sie das Heilmittel, das Sie anwenden, aufladen. Das machen Sie mit geistigen Samen der Gesundheitsfürsorge, die Sie vorher gepflanzt haben (irgendwann vorher). Kurz bevor Sie die Medizin einnehmen, oder was auch immer Sie machen, denken Sie: „Es gibt nichts in dieser Substanz, das die Kraft hat, mich zu heilen, deshalb kann es mich heilen. Ich berufe mich auf die Kraft meiner geistigen Samen, die ich gepflanzt habe, indem ich anderen geholfen habe, sich besser zu fühlen. Mögen sie so reifen, dass dieses Medikament mir hilft." Denken Sie an eine bestimmte Situation, wie Sie anderen geholfen haben. Freuen Sie sich darüber und stellen Sie sich vor, wie Sie in Zukunft auf ähnliche Weise helfen. Dann nehmen Sie die Medizin. Wählen Sie die Worte Ihrer Situation entsprechend.

Was ist, wenn ich alleine lebe und das Haus nicht verlassen kann? Wie unternehme ich eine Aktivität zur Gesundheitsfürsorge? Wie finde ich jemanden, dem ich helfen kann?

Wenn Sie wirklich ganz alleine sind und nie jemand anderen sehen, dann können Sie dies alles in Ihrer Vorstellung machen. Das funktioniert, aber es erfordert zusätzliche Übungen, die den Rahmen dieses Buches sprengen. Eigentlich ist es unwahrscheinlich, dass jemand von uns so isoliert ist. Jeder, den Sie kennen, kann Ihr Gesundheitspartner sein, auch wenn er vollkommen gesund zu sein scheint. Tauschen Sie mit ihm Informationen über vorbeugende Gesundheitsmaßnahmen aus Zeitschriften oder aus dem Internet aus. Bleiben Sie mit denen in Kontakt, die Sie per Telefon oder Internet kennen. Fragen Sie regelmäßig nach, hören Sie wirklich interessiert zu, wie es dem anderen geht, ohne das Gespräch auf Ihre eigenen Bedürfnisse zu lenken. Damit können Sie heilsame Samen in Ihrem eigenen Geist pflanzen.

Vor vielen Jahren hatte ich eine Patientin, die ans Haus gebunden war. Sie war körperlich stark eingeschränkt und hatte Schmerzen. Ich besuchte sie wöchentlich und gab ihr Akupunktur gegen ihre Schmerzen. Sie lebte allein – abgesehen von ihrem Wellensittich. Es war eine unglaubliche und schmerzhafte Anstrengung für sie, vom Bett auf ihren Rollstuhl auf die Toilette und zurück zu kommen, und das war auch der einzige Grund, warum sie das Bett verließ. Ich hatte ihr versprochen, dass sie zu Hause bleiben könne, solange sie das noch machen konnte. Wenn sie das nicht mehr schaffen würde, müsste sie in ein Pflegeheim gehen.

Sie hatte alle Voraussetzungen, eine verbitterte, jammernde, unzufriedene Frau zu sein, aber sie war es nicht. Sie war immer fröhlich und begierig, mich zu fragen, wie es mir geht, meinem Mann, meinem Haus, meinem Urlaub; sie wollte alles ganz genau wissen. Einmal sagte ich ihr, wie erstaunt ich über ihre Lebenseinstellung war. Sie sagte: „Ich bin schon so lange gelähmt und eingeschränkt. Ich habe gelernt, dass ich stellvertretend durch andere leben kann. Es ist so unterhaltsam zu hören, was sie machen." Ich glaube, es war diese Haltung, die ihr viele Menschen gebracht hat, die ihr geholfen haben, dass sie so lange zuhause bleiben konnte. Nach einem kurzen Aufenthalt im Krankenhaus ist sie zu Hause gestorben.

Was passiert, wenn mein Gesundheits-Partner meine Hilfe ablehnt?

Dies ist ein Beispiel dafür, dass Sie die Verzögerung zwischen dem Pflanzen der Samen und dem Reifen in die Ergebnisse vergessen haben. Der Same wird gepflanzt, indem wir uns sehen, wie wir uns darauf konzentrieren, jemandem in seiner Gesundheit zu helfen. Wenn wir sehen, dass der andere unsere Hilfe ablehnt, ist das ein gereiftes Ergebnis davon, dass wir die Hilfe anderer abgelehnt haben. Es macht den Samen, den wir gepflanzt haben, nicht zunichte. Es zeigt uns jedoch etwas über uns selbst, das wir ausmerzen sollten. Nichtsdestotrotz, es gibt viele andere Menschen, die als unsere Gesundheits-Partner dienen können. Es bringt nichts, unser Hilfsangebot jemandem aufzuzwingen. Wenn die Person, die Sie für Ihren Vier-Schritte-Plan ansprechen, sagt: „Danke, aber nein danke", finden Sie einfach jemand anderen.

Was ist, wenn das, was ich mit ihm teile, ihn verletzt?

Auch das ist eine Demonstration der Verzögerung zwischen Aussaat und Samenreifung. Obwohl wir es so sehen können, und **das „Warum" im Gegensatz zu dem „Wie" erkennen**, versteht es die verletzte Person nicht. Und wahrscheinlich will sie nichts davon hören. Sie wird Sie beschuldigen. Das ist eine heikle Situation, und offen gesagt, kann das ab und zu passieren. Warum erwähne ich das? Wenn wir als gereiftes Ergebnis eine gekränkte Person sehen, kommt das davon, dass wir in der Vergangenheit jemanden verletzt haben. Oder dass wir andere beschuldigt haben, uns zu verletzen. Gibt es einen von uns, der ehrlich behaupten kann, keine solchen Samen durch sein früheres Verhalten gepflanzt zu haben? Vergessen Sie nicht, auch unser Verhalten gegenüber anderen Lebewesen pflanzt Samen, die wachsen.

Wir können die Wahrscheinlichkeit verringern, dass diese negativen Ergebnisse reifen. Dazu wenden wir die Vier Kräfte auf unser vergangenes Verhalten an, mit dem wir andere verletzt haben. Wir bemühen uns besonders in unserer Kraft der Zurückhaltung. Ein Teil unseres Gegenmittels kann sogar sein, dass wir uns unsere gesundheitsfördernden Taten ins Gedächtnis rufen, die immer mehr werden. Das hilft, diese positiven Samen zu stärken.

Meine Erfahrung in der medizinischen Versorgung war, dass die Qualität der Beziehung zwischen dem Patienten und dem Behandler tiefgreifend die Reaktion des Patienten beeinflusst, wenn ein negatives Ergebnis passiert ist. Patienten, die ihre Behandler als fürsorglich empfanden, als besorgt und wirklich an ihnen interessiert und die sie in den Entscheidungsprozess mit einbezogen, nahmen schwache Ergebnisse hin, ohne den Behandler zu beschuldigen.

Dieses System, einen Gesundheits-Partner zu finden, um sich selbst zu heilen, könnte dazu verleiten, dass der Gesundheits-Partner das Gefühl hat, benutzt oder missbraucht zu werden. Vor allem dann, wenn unangenehme Ergebnisse entstehen. Wir müssen uns all der Nuancen unserer Wahrnehmung bewusst sein und der Samen, die gepflanzt werden. Dadurch bleiben wir achtsam und sehen, wie notwendig es ist, dass unser Wunsch, dem anderen zu helfen, ernsthaft ist. Das schließt nicht unbedingt ein unerwünschtes Ergebnis aus. Aber wahrscheinlich können wir unsere Beziehung mit ihm fortsetzen und ihm weiterhin helfen.

Das soll uns auch daran erinnern, vorsichtig abzuwägen, welche Gesundheitstipps wir weitergeben. Wir müssen keine fragwürdigen Behandlungen für Krebs im Internet suchen. Fundierte, gebräuchliche, gute Gesundheitstipps sind vollkommen ausreichend, um Samen zur Gesundheitsverbesserung zu pflanzen.

Ich schaffe es einfach nicht, einige alte Gewohnheiten zu ändern, obwohl ich es immer wieder versucht habe. Was soll ich machen?

Ja, ich weiß aus erster Hand, dass einige alte Gewohnheiten kaum totzukriegen sind! Seien Sie gnädig mit sich selbst über all Ihre gescheiterten Versuche. Erinnern Sie sich, dass alles durch geistige Samen angetrieben wird. Entwickeln Sie Mitgefühl für sich selbst und stärken Sie Ihre Entschlossenheit, einen anderen Weg zu versuchen. Wenden Sie die Vier Kräfte auf die Gewohnheit an, die Sie ablegen wollen, falls Sie das noch nicht getan haben. Das wäre ein erster Schritt. Sie müssen die vier Teile sehr präzise auf Ihre bestimmte Gewohnheit anwenden. Es ist gut, wenn Sie einen Lehrer haben, der Ihnen dabei hilft. Ich habe festgestellt, wenn meine Identifizierung der Gewohnheit, die ich loswerden will, zu breit gefächert ist, zu unspezifisch, kann ich die Vier Kräfte nicht stark genug anwenden, um schnell Ergebnisse zu sehen.

Zum Beispiel könnten wir sagen: „Ich will aufhören, an meinen Fingernägeln zu kauen." Aber es gibt einen tieferen Grund, warum wir dieses Verhalten haben, und diesen müssen wir in das Ausmerzen miteinbeziehen. Vielleicht ist es Lampenfieber oder Langeweile oder mangelnder Selbstwert. Sobald wir das herausgefunden haben, können wir Kraft Nummer eins anwenden. Es ist das Erkennen, dass die Gewohnheit das Reifen geistiger Samen ist. Dann entwickeln wir Bedauern. Das Bedauern bezieht sich nicht nur auf die Gewohnheit, sondern auch darauf, wie wir bei anderen eine ähnliche zugrundeliegende Emotion verursacht haben, denn deswegen erleben wir unsere Gewohnheit und führen sie fort. Dann machen wir unser Versprechen, dass wir uns aufrichtig bemühen, uns zurückzuhalten und wählen unsere Ausgleichshandlung.

In meiner Arbeit mit anderen habe ich festgestellt: Wenn eine der Vier Kräfte nicht stark ist, bricht die Gewohnheit nicht. Für einige war das Bedauern nicht echt. Sie wollten das Verhalten, das sie vermeintlich nicht mochten, doch nicht wirklich stoppen. Andere konnten die Umstände, die ein Verhalten auszulösen schienen – emotionale oder andere – nicht in vollem Umfang identifizieren.

Mein großes Hindernis, ein paar unerwünschte tief verwurzelte Gewohnheiten zu ändern, war die Kraft der Zurückhaltung. Ich konnte die gewohnten Reaktionen einfach nicht stoppen; sie kamen so schnell.

In jedem dieser Fälle müssen die Vier Kräfte erst auf das entsprechende Hindernis angewandt werden und dann auf die Gewohnheit selbst. Ich müsste die Vier Kräfte auf meine Unfähigkeit anwenden, die Kraft der Zurückhaltung auszuführen.

Mein Prozess würde so aussehen:

Meine Unfähigkeit, die Kraft der Zurückhaltung anzuwenden, ist selbst das gereifte Ergebnis von Samen. Ich habe Menschen, die versucht haben, ihre Gewohnheiten zu ändern, darin behindert. Ich muss herausfinden, wie ich das in der Vergangenheit gemacht habe und inwiefern ich es jetzt immer noch mache. Vielleicht weiß ich, dass meine Kollegen auf Diät sind, aber ich bringe Donuts mit. Vielleicht habe ich meinen kleinen Bruder damit geneckt, dass er an seinen Nägeln kaut, was ihn nur dazu gebracht hat, sie noch mehr zu kauen. Ich muss meine Verhaltensweisen erkennen, sie bereuen, sie stoppen und eine Wiedergutmachung ausführen. Anstelle von Essen könnte ich Blumen ins Büro bringen. Ich könnte mit jemandem, der das Rauchen aufhören will, in der Pause einen Spaziergang machen. Ich könnte die schönen Fingernägel einer Kollegin bewundern oder sie für ihre erfolgreiche Diät loben. Das alles würde ich mit den beiden hohen Absichten aus den Vier Schritten machen und mich auch eine ganze Zeit lang darüber freuen. Danach wende ich dann die vier Kräfte auf meine eigentliche Gewohnheit an. Meine Fähigkeit, die Kraft der Zurückhaltung anzuwenden, sollte jetzt viel stärker sein. Wenn nicht, arbeite ich etwas mehr am Hindernis, das die Kraft der Zurückhaltung schwächt.

Schließlich wird der Prozess der Vier Schritte und Vier Kräfte ein Lebensstil. Durch die bewusste Auswahl eines Moment-zu-Moment-Verhaltens erschaffen wir unsere Zukunft. Der gesamte Prozess wird einfacher und macht mehr Spaß.

Wie wende ich all das an, um ein Haustier zu heilen? Sie können das Verhalten zur Gesundheitsfürsorge nicht verstehen.

Leider sind Tiere nicht in der Lage, bewusst über ihr Niveau an Moral zu entscheiden. Sie können die Vier Schritte und Vier Kräfte in ihrem Leben nicht anwenden. Wie wir ihre Gesundheit wahrnehmen oder den Mangel davon, ist immer eine Reifung unserer eigenen geistigen Samen. Daher sollte es möglich sein, die 4x4 so anzuwenden, dass sich das, was wir sehen, ändert. Wenn wir ein krankes Haustier haben, sollten wir für angemesse qualifizierte medizinische Versorgung sorgen. Um die Qualität der Behandlung zu verbessern, könnten wir jemand anderem mit einem kranken Tier helfen. Oder wir könnten jemandem mit einem gesunden Haustier helfen, dass es gesund bleibt. Wir könnten regelmäßig mit dem Hund vom Nachbarn spazieren gehen, um unserer kranken Katze zu helfen.

Wir könnten bei uns selbst nach Gewohnheiten suchen, die dem Leben und der Gesundheit anderer schaden. Dann wenden wir die Vier Kräfte an. Vor allem die Kraft der Zurückhaltung wenden wir mit der Absicht an, zu sehen, dass die Gesundheit unseres Haustiers besser wird. Können wir aufhören, in unserem Garten Insektenschutzmittel zu verwenden? Können wir aufhören, Insekten totzuschlagen und sie

stattdessen ins Freie bringen? (Mein Mann und ich haben immer ein kleines Weithalsglas und eine Postkarte griffbereit. Es ist einfach: Setzen Sie das Glas langsam über das Insekt, dann schieben Sie die Postkarten vorsichtig unter das Glas. Das Insekt wird entweder auf die Postkarte krabbeln oder ins Glas fliegen. Dann tragen Sie die Karte und Glas zusammen raus und lassen das Tier frei. Und das machen Sie mit den beiden hohen Absichten.)

Überprüfen Sie die Liste der Gesundheitstipps, vor allem die dritte Ebene, die Ideen, wie Sie Leben schützen können (siehe Anhang).

Wie kann ich das anwenden, um meinen Kindern mit ihrer Gesundheit zu helfen?

Dieses Thema könnte ein ganzes Buch füllen! Kurz gesagt, wenn Ihr Kind noch zu klein ist, um an Ihren Aktivitäten zur Gesundheitsfürsorge teilzunehmen, wenden Sie die Vier Schritte an, um Ihre Samen zu ändern, ihr Kind krank zu sehen. Wenn ihr Kind sich am Pflanzen seiner eigenen geistigen Samen beteiligen kann, finden Sie einfache Möglichkeiten für es, um aktiv Leben zu schützen oder für jemanden zu sorgen, der sich nicht gut fühlt, und so weiter. Helfen Sie ihm, sich einen Plan zu machen und fördern Sie seine Freude an der Praxis, indem Sie sich gegenseitig davon erzählen.

Wo finde ich weitere Informationen über diese Philosophie?

Nutzen Sie die weiterführende Literatur im Anhang des Buches, um selbst weiterzuforschen.

Was ist mit Gott?

Vielleicht hat Sie diese Frage bereits während der gesamten Lektüre dieses Buches beschäftigt. Ich versichere Ihnen, dass ich nicht die Absicht habe, Gott zu verleugnen. Meine Mutter pflegte oft zu sagen: „Gottes Wege sind unergründlich." Ich habe versucht, Ihnen dabei zu helfen, einen kleinen Einblick in dieses Geheimnis zu bekommen. Dieses Buch, das zu Ihnen kam, ist Teil des Geheimnisses. Ob Sie die Technik ausprobieren oder nicht, ist Teil des Geheimnisses. Welche Ergebnisse Sie erzielen, ist Teil des Geheimnisses. Manche Menschen haben es geschafft, dieses Geheimnis direkt zu erfahren. Dann versuchten sie, diese Weisheit mit anderen zu teilen, obwohl sie mit dem Verstand allein nicht erfasst werden kann. Unterm Strich scheint es so: Wir ernten, was wir säen. Wir ernten, was wir gesät haben. Wir können nicht ernten, was wir nicht gesät haben, und wir werden ernten, was wir säen.

Ich habe einmal ein Interview mit Mutter Teresa aus Kalkutta gelesen, eine katholische Nonne, die bekannt für ihre Arbeit mit den Armen und Kranken ist. Ich erinnere mich, dass sie gefragt wurde, wie sie Leprakranken so nahe sein konnte und sie sogar berühren konnte. Ihre Antwort hat mich zu Tränen gerührt. Sie verstand die Frage kaum. Sie sagte, dass sie Gott in jedem Gesicht sieht und Ihn liebt. Was glauben Sie, welche Ergebnisse aus geistigen Samen kommen, die in einer solch erhabenen, wunderschönen Weise gepflanzt werden?

Nachwort

So ist es getan.
Mögen alle Ihre Wünsche mit
vollkommener Leichtigkeit wahr werden.

*Möge Ihr Leben eine Quelle der Liebe und Güte sein,
um die Welt mit Freude zu füllen,*
Debasish Mridha, MD

Sarahni (Susan Pocock) Stumpf

Dieses Buch wurde hauptsächlich während eines tiefen spirituellen Retreats in Diamond Mountain, Arizona, von 2011-2014 geschrieben. Die Lizenzgebühren des Autors (steuerreduziert) werden regelmäßig an Diamond Mountain gespendet, Inc., 501 (c) 3 Nummer 86-0959506, in Dankbarkeit für die Seminare, die zur Verfügung gestellt werden.
Diamond Mountain, Inc., PO Box 37, Bowie, Arizona, USA, 85605
www.diamondmountain.org
Ich bin zutiefst dankbar für Diamond Mountain, seine Programme, Lehrer und Schüler. Sie haben mir das meiste von dem vermittelt, was ich mit Ihnen geteilt habe.
Mögen seine Verdienste sich ausbreiten und gedeihen.

Der Hund, der Stift, und das Stöckchen

Programm

für den täglichen Gebrauch

Nichts funktioniert, wenn Du es nicht tust.
Maya Angelou

Herzlichen Glückwunsch, dass Sie sich dazu entschieden haben, aus Ihrer alten, begrenzten Denkweise herauszutreten und zu einem bewussten Schöpfer Ihrer Zukunft zu werden. Sie sind einzigartig und werden die Welt verändern – jenseits Ihrer kühnsten Träume! Vielen Dank, dass Sie zu den Menschen gehören, die diese Methode anwenden. Gemeinsam schaffen wir mehr als die Summe unserer individuellen Bemühungen. Natürlich können Sie dieses Team jederzeit verlassen. Aber jetzt, da Sie von dem Samensystem wissen, werden Sie nie mehr nicht davon wissen! Im Team oder nicht, fühlen Sie sich frei, diese Ideen als Ressource zu nutzen, um zu lernen, wie Sie der Gärtner Ihrer gewünschten Zukunft sein können. Ich empfehle Ihnen *Das Karma der Liebe* von Michael Roach als Lehrbuch für die Methode der Vier Schritte. Es ist eine Anleitung, wie Sie Erfahrungen in Ihrem Leben als reifende Samen sehen können und welche Samen Sie brauchen, um die Zukunft zu pflanzen, die Sie erleben wollen *(erhältlich bei der Edition Blumenau, Anm. d. Übersetzers).*

Nun, da Sie das Geheimnis kennen, wie Sie alles heilen können, hoffe ich, dass Sie neugierig darauf sind, den Prozess in die Praxis umzusetzen. Bitte nehmen Sie sich die Zeit, jeden Schritt zu erforschen und versuchen sie, sich jeden Schritt zu merken. Die Ergebnisse, die Sie damit erreichen werden, sind dann noch kraftvoller.

Dieses Handbuch ist als 6-Wochen-Programm gedacht:

Woche 1: Klarheit über die „Ich will ...“-Aussage (und Freuen!)
Woche 2: Planung (und Freuen!)
Woche 3: Kontaktaufnahme (und Freuen!)
Woche 4: Die zwei hohen Motivationen (und Freuen!)
Woche 5: Verstärkung unserer Freude (und Freuen!)
Woche 6: Fortschritte erkennen (und Freuen!)

Haben Sie Spaß! Schreiben Sie mir bei Fragen, Kommentaren, Anregungen oder Einwänden gern jederzeit. Ich freue mich über Erfahrungsberichte mit den Vier Schritten, über Ihre Gefühle, Gedanken, Kämpfe, Erfolge und jede Weisheit, die Sie mir teilen wollen.

Kontaktieren Sie mich unter:
Sarahni Stumpf
puppypenchewtoy@gmail.com

Woche 1:
Entscheiden Sie, was Sie wollen und warum

In der ersten Woche besteht Ihre Praxis nur darin, Ihre „Ich will …"-Aussage im Geist zu wiederholen, sodass Sie sie behalten.

Überlegen Sie sich, wie Sie sich an die Vier Gesetze erinnern können: Wir ernten, was wir säen. Wir ernten, was wir gesät haben. Wir können nicht ernten, was wir nicht gesät haben, und wir werden ernten, was wir säen.
Denken Sie an das Beispiel vom Stift, dem Menschen und dem Hund. Das soll Sie daran erinnern, dass alles, was Sie erleben, ein gereiftes Ergebnis sein muss. Ein Ergebnis davon, dass Sie sich selbst beobachtet haben, wie Sie etwas denken, sagen oder tun. Jede Erfahrung ist eine Gelegenheit, so zu handeln und die Samen zu pflanzen, von denen Sie wollen, dass sie in der Zukunft reifen. Denken Sie daran, dass unsere gewohnheitsmäßigen Reaktionen genau die Handlungen sind, die unsere jetzigen Erfahrungen erschaffen haben. Wenn Ihre aktuelle Erfahrung angenehm ist, dann handeln Sie weiterhin gewohnheitsmäßig, nämlich liebevoll, freundlich, mitfühlend, teilend und helfend. Wenn Ihre aktuelle Erfahrung unangenehm ist, dann schalten Sie den Autopiloten aus und wählen eine andere Handlungsweise, eine liebevolle, freundliche und mitfühlende. Wählen Sie dann das Gegenteil von dem, was üblicherweise hochkommt. Allein

an diese Weisheit zu denken, zeigt an, dass Sie diese Verhaltensmuster schon bald ändern können.

Überprüfen Sie Ihren Gesundheitszustand, um Ihre „Ich will ..."-Aussage zu bestätigen, anzupassen oder zu ändern. Überlegen Sie, welche Samen Sie pflanzen müssen, damit die Veränderung, die Sie wollen, eintritt.

Freuen!

Freuen Sie sich, dass Sie DER HUND, DER STIFT UND DAS STÖCKCHEN. Das Geheimnis des Heilens gelesen haben.

Freuen Sie sich, dass Sie es Ihnen Einsichten gegeben hat, die Sie nutzen können, um unsere Welt und sich selbst zu heilen.

Freuen Sie sich über das Gute der anderen, die dieses System anwenden.

Freuen Sie sich über jedes Mal, wenn Sie sich an Ihre „Ich will ..."-Aussage erinnern und an die Samen, die Sie bestrebt sind zu pflanzen, um sie zu erschaffen.

Freuen Sie sich über alles Gute, das Sie um sich herum sehen.

Woche 2:
Planung

Jetzt bestimmen Sie, welche Samen Sie pflanzen und mit wem, damit der Garten Ihrer „Ich will ..."-Aussage erblüht.

Erinnern Sie sich daran, dass Sie sich selbst dabei beobachten müssen, wie Sie versuchen, jemandem zu helfen, die Ergebnisse zu erlangen, die er will. Nur so können die Ergebnisse, die Sie erreichen wollen, reifen. Es ist besonders kraftvoll, wenn die Ergebnisse, die der andere erreichen will, so ähnlich sind wie Ihre.

Ihre Aufgabe ist es jetzt, aufmerksam gegenüber den Menschen zu sein, mit denen Sie regelmäßig interagieren. Dadurch erfahren Sie, was sie wollen oder brauchen oder welche Schwierigkeiten sie haben, sodass Sie jemanden als Ihren Gesundheits-Partner identifizieren können.

Bevor Sie mit jemandem sprechen, stellen Sie sich vor, wie das Gespräch verlaufen könnte. Wie könnten Sie mit ihm über das Problem, das Sie beschäftigt, reden? Wie könnten Sie ihn um Hilfe bitten oder ihm Hilfe anbieten? Überlegen Sie sich, wieviel Zeit Sie zur Verfügung haben, um Ihren Plan auszuführen. Vielleicht müssen Sie Ihre Prioritäten anders setzen, aber machen Sie Ihren Terminkalender nicht zu voll.

Wie können Sie sich gegenseitig mit dem Problem helfen? Beginnen Sie mit herkömmlichen Methoden, die Sie beide ausprobieren würden. Wenn Ihr Gesundheits-Partner offen dafür ist, können Sie alternative Methoden miteinbeziehen. Denken Sie an die tiefen, subtilen Wege, die wir inzwischen kennen und die helfen, Leben zu schützen und das Wohlbefinden anderer zu verbessern. Nehmen Sie sich vor, diese als Möglichkeiten anzusprechen, wie sie beide sich gegenseitig in der Gesundung unterstützen können. Seien Sie für die Ideen Ihres Partners aufgeschlossen, auch wenn er etwas vorschlägt, das Sie zuvor schon versucht haben.

Schmücken Sie Ihre Pläne aus, fantasieren Sie über all die Möglichkeiten, wie die guten Ergebnisse für sie beide reifen könnten. Dann stellen Sie sich vor, wie Sie mit ihm die Vier Schritte teilen. Stellen Sie sich vor, dass er mit den Vier Schritten beginnt und so den Prozess mit anderen teilt, die ihn mit anderen teilen, die ihn teilen ...

Freuen!

Freuen Sie sich über Ihre Planung.

Freuen Sie sich über die Vorstellung, wie Sie die Ergebnisse reifen sehen.

Freuen Sie sich über Ihr Verständnis vom Pflanzen der Samen für Glück und Wohlbefinden, indem Sie jemand anderem helfen, sein Glück und Wohlbefinden wachsen zu lassen.

Freuen Sie sich über Ihre „Ich will ..."-Aussage und Ihr entsprechendes Handeln.

Freuen Sie sich darüber, dass Sie *DER HUND, DER STIFT UND DAS STÖCKCHEN: Das Geheimnis des Heilens* gelesen haben.

Freuen Sie sich über Ihre immer kraftvollere Freude!

Woche 3:
Kontakt aufnehmen

Wenn Sie bereit sind, nehmen Sie mit der ausgewählten Person Kontakt auf. Bitten Sie sie um Hilfe. Vereinbaren Sie so bald wie möglich einen Termin, damit Sie diese Gelegenheit nicht versäumen. Denken Sie an Ihre „Ich will ..."-Aussage und Ihr Verständnis über Samen und darüber, wie Sie allen Menschen in Ihrer Welt mit Ihrem Handeln zu mehr Wohlbefinden verhelfen.

Haben Sie Spaß, wenn Sie sich bei Ihrem potenziellen Gesundheits-Partner nach seiner Gesundheit erkundigen (oder wonach auch immer). Sie brauchen nur ein offenes Ohr, Aufmerksamkeit und Fürsorge.

Was können Sie beide tun, um einander zu helfen? Machen Sie einen Plan, wie Sie einander regelmäßig helfen können und halten Sie sich so gut wie möglich daran.

Wird Ihr Angebot irgendwann in dieser gemeinsamen Zeit abgelehnt, verabschieden Sie sich dankbar und suchen Sie einen neuen Gesundheits-Partner. Es wird immer jemanden geben, der sich über Ihre Hilfe freut. Sie haben schon kräftige Samen gepflanzt in Ihrem Versuch, der ersten Person zu helfen.

Freuen!

Freuen Sie sich über ihre erste Kontaktaufnahme.

Freuen Sie sich über das gute Gefühl, das Sie Ihrem Gesundheits-Partner durch Ihre ungeteilte Aufmerksamkeit bescheren.

Freuen Sie sich über Ihre Bereitschaft, ihm zu helfen und seine Hilfe anzunehmen.

Freuen Sie sich über Ihr Verständnis vom Pflanzen der Samen für Glück und Wohlbefinden, indem Sie jemand anderem helfen, sein Glück und Wohlbefinden wachsen zu lassen.

Freuen Sie sich über Ihre „Ich will ...“-Aussage und Ihr entsprechendes Handeln.

Freuen Sie sich über Ihre Planung.

Freuen Sie sich darüber, dass Sie *DER HUND, DER STIFT UND DAS STÖCKCHEN: Das Geheimnis des Heilens* gelesen haben.

Freuen Sie sich über Ihre immer kraftvollere Freude!

Woche 4:

Absichtliche Handlung: Erinnern Sie sich an die beiden hohen Motivationen

Sie arbeiten mit Ihrer „Ich will …"-Aussage, indem Sie jemandem helfen, das zu erreichen, was er will und das dem ähnlich ist, was Sie wollen. Sie tun dies, weil Sie verstehen, dass geistige Samen ständig in Ihrem Geist gepflanzt werden; immer, wenn Sie sich selbst dabei beobachten, wie Sie denken, sprechen und handeln. Sie verstehen, dass diese geistigen Samen früher oder später reifen werden. Dann erleben Sie, dass andere auf ähnliche Weise Ihnen gegenüber handeln. Sie verstehen, dass gute Ergebnisse nur von guten Handlungen kommen können und dass unangenehme Ergebnisse nur von unfreundlichen Handlungen kommen können, ganz gleich, wie es im Moment erscheint. Dann verstehen Sie auch: Um angenehme Ergebnisse in der Zukunft zu erfahren, müssen Sie sich dabei beobachten, wie Sie anderen gegenüber freundlich sind.

Sie sind oft freundlich zu anderen – wahrscheinlich öfters als unfreundlich. Als Folge erleben Sie viele angenehme Dinge. Aber Sie pflanzen diese guten Samen eher zufällig und ohne Absicht. Folglich werden Ihre Ergebnisse sich in zufälligen, unerwarteten Ereignissen zeigen. Sie können nicht erkennen, wie bestimmte Verhaltensweisen Ihre zukünftigen Erfahrungen beeinflussen. Das macht es schwierig, die Anstrengung auf sich nehmen, die erforderlich ist, sich in neuen Verhaltensweisen zu üben.

Denken Sie an die beiden hohen Motivationen, wenn Sie mit Ihrem Gesundheits-Partner zusammen sind. Das gibt Ihren Samen die nötige Kraft, dass die Ergebnisse erkennbar sind. Denken Sie bei jeder Aktivität an diese beiden hohen Motivationen. Das erhöht die Kraft aller Samen, die Sie pflanzen.

Die zwei hohen Motivationen:

1. Ich helfe meinem Gesundheits-Partner mit seinem Gesundheitsproblem, damit ich die Samen in meinem Geist pflanze, die so reifen, dass ich Hilfe mit meinem Gesundheitsproblem bekomme. Dadurch beweise ich mir, dass dieses System funktioniert. Dann kann ich es besser in die Praxis umsetzen und so immer mehr Menschen helfen.

2. Ich mache Punkt 1, damit ich genau das an andere weitergeben kann. Dadurch können sie lernen, wie sie die Zukunft, die sie wollen, erschaffen. Nämlich, indem sie anderen helfen zu lernen, wie diese die Zukunft, die sie wollen, erschaffen, indem sie anderen helfen, die Zukunft, die sie wollen zu erschaffen, indem sie anderen helfen. Ich mache das, um eine Revolution bei der Gesundheitsfürsorge zu erschaffen.

Benutzen Sie Ihre eigenen Worte, die Ihren Geist beflügeln und Ihr Herz öffnen. Kleben Sie Notizzettel mit Ihrem speziellen Satz als Gedächtnisstütze überall hin. Denken Sie oft daran.

Denken Sie vor allem daran, wenn Sie sich mit Ihrem Gesundheits-Partner treffen. Erinnern Sie sich daran, wenn Sie sich zum ersten Mal mit ihm treffen. Erinnern Sie sich daran, während Sie beide zusammen sind. Erinnern Sie sich daran, wenn Sie gehen. Erinnern Sie sich daran, wenn Sie nach Hause fahren. Erinnern Sie sich daran ...

Freuen!

Freuen Sie sich, dass Sie sich an die beiden hohen Motivationen erinnern.
Freuen Sie sich, dass Sie den ersten Kontakt aufgenommen haben.
Freuen Sie sich über die Freude, die es Ihrem Gesundheits-Partner bereitet hat, dass Sie ihm so viel Aufmerksamkeit geschenkt haben.
Freuen Sie sich über Ihre Bereitschaft, ihm zu helfen und sich helfen zu lassen.
Freuen Sie sich über Ihr Verständnis vom Pflanzen der Samen für Glück und Wohlbefinden, indem Sie versuchen, jemand anderem zu mehr Glück und Wohlbefinden zu verhelfen.
Freuen Sie sich über Ihre „Ich will ..."-Aussage und Ihr Handeln danach.
Freuen Sie sich über Ihre Planung.
Freuen Sie sich, dass Sie *DER HUND, DER STIFT UND DAS STÖCKCHEN: Das Geheimnis des Heilens* gelesen haben.
Freuen Sie sich, dass Ihre Freude immer kraftvoller wird!

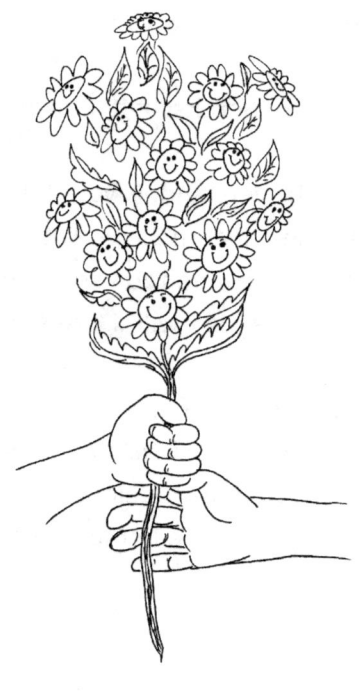

Woche 5:
Freude vollendet die Tat

Die geistigen Samen, die wir gepflanzt haben, bekommen ihre Kraft dadurch, dass wir glücklich darüber sind, was wir anderen gegenüber gedacht, gesagt und getan haben. Es ist wie das Wasser, das die Gärtnerin auf die Erde gießt, wo sie ihre kostbaren Blumen- und Gemüsesamen gepflanzt hat. Die Freude, die wir immer wieder über all unsere guten Taten haben, ist wie die Wärme der Sonne, die diese feuchten kleinen Samen zum Keimen bringt.

Pflegen Sie eine regelmäßige, tägliche Praxis der Freude, um das Beste aus Ihrem neuen Verhalten zu machen. Finden Sie eine Zeit, die am besten für Sie passt. Vor dem Einschlafen ermöglicht Ihnen die Freude, diesen positiven Zustand des Geistes in den Schlaf mitzunehmen. Vielleicht ist die einzige Zeit, die Sie für sich allein haben, während der Fahrt von und zur Arbeit; dann gehen Sie fünf oder zehn Minuten früher aus dem Haus und freuen Sie sich vor dem Losfahren.

Eine andere Möglichkeit ist, dass Sie Ihre Praxis der Freude mit Ihrer Familie teilen. Sie kann das Gesprächsthema während der Mahlzeiten sein. Jeder erzählt etwas Gutes von diesem Tag. Etwas Gutes, das er für andere getan hat, oder das er bei anderen gesehen hat. Dies pflanzt kraftvolle Samen im Geist von allen Beteiligten.

In Bezug speziell auf Ihre Vier-Schritte-Projekt erinnern Sie sich daran, dass Sie Ihre „Ich will…"-Aussage festgelegt und geplant haben, welche Samen Sie mit wem pflanzen wollen. Erinnern Sie sich freudig an den Prozess, wie Sie gelernt haben, das zu machen und warum. Erinnern Sie sich daran, wie Sie sich mit Ihrem Gesundheits-Partner verbunden haben und wie Sie sich gegenseitig geholfen haben. Freuen Sie sich darüber, wie er es genossen hat, Ihnen zu helfen, und wie er es genossen hat, dass Sie ihm geholfen haben. Denken Sie an die Freude, die entsteht, wenn Sie sich auch weiterhin gegenseitig helfen und dann damit beginnen, die Ergebnisse zu ernten. Seien Sie zufrieden mit sich selbst und darüber, wie Sie sich engagiert haben, die Vier Schritte zu lernen.

Stellen Sie sich vor, wie glücklich alle sind, wenn jeder erkennt, dass jemand anderem dabei zu helfen, das zu erreichen, was er will, der Weg ist, um das eigene Glück zu erreichen. Jeder hilft jedem. Und jeder freut sich darüber und ist glücklich!

Freuen Sie sich über jedes große oder kleine Gute, an das Sie sich erinnern können. Freude hat keine Grenze und kein Verfallsdatum.

Sie brauchen sich nicht darauf beschränken, sich nur einmal am Tag zu freuen. Lassen Sie es in Ihre Aktivitäten und in das Zusammensein mit anderen einfließen. Eine glückliche, zuversichtliche, zufriedene Person hebt die Stimmung aller, die in ihrer Nähe sind, ohne etwas Besonderes zu tun.

Erkennen Sie, dass Schönheit, angenehme Dinge, Wohlstand, Gesundheit und Liebe, alles, was Sie bereits erfahren, Ergebnisse unserer eigenen guten Taten der Vergangenheit sind. Freuen Sie sich: Das alles haben Sie erschaffen! Wie können Sie es teilen, damit es fortbesteht? Wie können Sie mehr von dem Guten erschaffen, das diese guten Ergebnisse, die Sie schon erfahren, geschaffen hat?

Wenn Sie Schwierigkeiten mit der Freude haben, wenden Sie die Vier Kräfte an; auf alles, womit Sie verursachen oder verursacht haben, dass andere sich unzureichend oder wertlos fühlen. Halten Sie Innenschau. Fühlen Sie sich so oder behandeln Sie sich selbst so? Denken Sie daran, dass dies lediglich Samen sind, die in die Gewohnheit reifen, sich selbst oder andere nicht zu respektieren. Entwickeln Sie echtes Bedauern. Ermitteln Sie, wie Sie genau das Gegenteil davon gegenüber sich selbst und anderen tun können. Beschließen Sie, sich selbst dabei zu ertappen und damit aufzuhören, dieses unerwünschte Verhalten zu wiederholen.

Interessanterweise erschaffen Eifersucht und Begehren ernsthafte Hindernisse, mit sich selbst und seiner Welt glücklich sein zu können. Das Gegenmittel ist, anderen zu helfen, die Dinge zu erhalten, die sie wollen; vor allem die Dinge, die wir selbst wollen. Das ist nicht unsere übliche Reaktion, wenn wir auf jemanden neidisch sind! Seien Sie glücklich, wenn andere die Dinge, die sie wollen, bekommen. Seien Sie glücklich, wenn Sie sehen, dass andere die Dinge, die Sie selbst wollen, bekommen. Das erzeugt Ihr eigenes Glück, ungeachtet der scheinbaren Umstände.

Wenn es wahr ist, dass jeder nur glücklich sein will, und Sie die Samen für Glück erschaffen, indem Sie versuchen, anderen zu helfen, glücklich zu sein, dann spielt es wirklich keine Rolle, was Ihnen gerade geschieht. Ihre reifenden Samen werden Samen des Glücks sein, ungeachtet der scheinbaren Umstände.

Das schließt den Kreis. Freude und Glücklichsein über das Gute, das wir andere tun sehen und das wir bei uns selbst sehen, treiben den Prozess voran.

Also:
Helfen Sie einem anderen, seine Freude-Praxis zu verbessern. Und freuen Sie sich darüber, dass Sie das getan haben.

Freuen!

Freuen Sie sich über all die Wege, wie Sie anderen Glück gebracht haben.
Freuen Sie sich, dass Sie sich an die beiden hohen Motivationen erinnern.
Freuen Sie sich, dass Sie den ersten Kontakt aufgenommen haben.
Freuen Sie sich über die Freude, die es Ihrem Gesundheits-Partner bereitet hat, dass Sie ihm so viel Aufmerksamkeit geschenkt haben.
Freuen Sie sich über Ihre Bereitschaft, ihm zu helfen und sich helfen zu lassen.
Freuen Sie sich über Ihr Verständnis vom Pflanzen der Samen für Glück und Wohlbefinden, indem Sie versuchen, jemand anderem zu mehr Glück und Wohlbefinden zu verhelfen.
Freuen Sie sich über Ihre „Ich will ..."-Aussage und Ihr Handeln danach.
Freuen Sie sich über Ihre Planung.
Freuen Sie sich, dass Sie DER HUND, DER STIFT UND DAS STÖCKCHEN: Das Geheimnis des Heilens gelesen haben.
Freuen Sie sich, dass Ihre Freude-Praxis immer kraftvoller wird!
Und:
Freuen Sie sich über die erstaunlichen Veränderungen, die Sie sehen.

Woche 6:
Ergebnisse erkennen

Inzwischen haben Sie das volle Programm in der Hand, zumindest in Ihrem Verständnis davon, wie es funktioniert. Unabhängig davon, ob Sie es tatsächlich nutzen, wird es anfangen zu funktionieren. Je größer die Absicht ist, mit der Sie die Schritte befolgen, desto deutlicher werden die Ergebnisse sein, sobald sie erscheinen. Ergebnisse Ihrer vergangenen Taten reifen ständig als Ihre aktuellen Erfahrungen. Es ist nur eine kleine Verschiebung im Bewusstsein, dies zu erkennen. Dann freuen Sie sich, wenn die Erfahrung angenehm ist und bedauern Sie es, wenn sie unangenehm ist. Beides führt dazu, mit größerer Dankbarkeit und Güte zu handeln und pflanzt Samen für schöne Ergebnisse in der Zukunft.

Wie könnten Ergebnisse des „Geheimnis des Heilens"-Programms aussehen?

- Das Wohlbefinden Ihres Gesundheits-Partners wird besser.
- Sie finden neue Behandlungsmethoden für Ihr Gesundheitsproblem.
- Alte Behandlungsmethoden scheinen besser anzuschlagen.
- Sie sehen positive Veränderungen in Ihrer Welt in Bezug auf die Gesundheitsfürsorge, Vorbeugung, Lebensverbesserung.
- Sie sehen gesunde Menschen um sich herum.
- Sie fühlen sich besser, glücklicher und sind vertrauensvoller in Ihrer Fähigkeit, Ihre Zukunft zu erschaffen.

Und dann?

Wenn Sie andere Gesundheits- oder Lebensprobleme haben, an denen Sie arbeiten möchten, überprüfen Sie Ihr Programm und passen Sie es entsprechend an. Es gibt keine Grenzen mit dem, was Sie mit geistigen Samen erschaffen können, die richtig gepflanzt und kultiviert werden.

Teilen Sie es mit anderen.

Helfen Sie auch anderen Menschen, die geistige bzw. handelnde „Gartenarbeit" zu verstehen, damit Sie die Zukunft schaffen können, die sie wollen. Organisieren Sie ein „Geheimnis des Heilens"-Seminar für Menschen, die Sie kennen. Teilen Sie Ihr Geheimnis mit Ihrem Gesundheits-Partner. Teilen Sie es mit jedem, der sich nach Ihrer außergewöhnlichen Veränderung erkundigt.

Schließlich bleiben Sie dabei, sich über all das Gute, das Sie tun und das Sie um sich herum sehen, zu freuen. Das ist der Schlüssel für den Erfolg dieses Programms, für den Erfolg Ihres Lebens.

Freuen!

Freuen Sie sich über den Erfolg Ihres „Geheimnis des Heilens"-Programms.

Freuen Sie sich über die Art und Weise, wie Sie anderen Glück gebracht haben.

Freuen Sie sich, dass Sie sich an die beiden hohen Motivationen erinnern.

Freuen Sie sich, dass Sie den ersten Kontakt aufgenommen haben.

Freuen Sie sich über die Freude, die es Ihrem Gesundheits-Partner bereitet hat, dass Sie ihm so viel Aufmerksamkeit geschenkt haben.

Freuen Sie sich über Ihre Bereitschaft, ihm zu helfen und sich helfen zu lassen.

Freuen Sie sich über Ihr Verständnis vom Pflanzen der Samen für Glück und Wohlbefinden, indem Sie versuchen, jemand anderem zu mehr Glück und Wohlbefinden zu verhelfen.

Freuen Sie sich über Ihre „Ich will …"-Aussage und Ihr Handeln danach.

Freuen Sie sich über Ihre Planung.

Freuen Sie sich, dass Sie *DER HUND, DER STIFT UND DAS STÖCKCHEN: Das Geheimnis des Heilens* gelesen haben.

Freuen Sie sich, dass Ihre Freude-Praxis immer kraftvoller wird!

Und:

Freuen Sie sich über die erstaunlichen Veränderungen, die Sie sehen.

Vielen Dank, dass ich dieses Geheimnis mit Ihnen teilen durfte. Ich hoffe, dass dieses Buch hilfreich für Sie war. Ich würde gerne Ihre Erfolgsgeschichten oder Ihre Herausforderungen hören, damit ich anderen besser helfen kann.

> Ihre
> Sarahni
> puppypenchewtoy@gmail.com

Anhang

Wirkliche Ursachen für Heilung

Erstens: Nehmen Sie sich ein leeres Blatt Papier oder kopieren Sie die folgende Übersicht. Machen Sie anhand der Listen eine Bestandsaufnahme Ihres aktuellen Gesundheitszustandes. Schreiben Sie einfach ein oder zwei Worte auf, was „gute Gesundheit" für Sie bedeutet. Markieren Sie dann, ob Sie diese haben oder sich eine Verbesserung wünschen.

Zweitens: Gehen Sie durch jeden Bereich, den Sie verbessern wollen, und entscheiden Sie, welche Priorität dieser hat. Verwenden Sie eine Skala von 1-5, wobei 1 am wichtigsten ist und 5 am wenigsten wichtig.

Drittens: Sehen Sie alle Bereiche an, die Sie als „1" markiert haben, um eine Gemeinsamkeit zu identifizieren. Zum Beispiel stehen vielleicht alle Ihre „1" im Zusammenhang mit Müdigkeit, schlechter Kondition, abgestumpftem Geist, schlechtem Schlaf und so weiter.

Viertens: Machen Sie eine kurze, prägnante positive „Ich will ..."-Aussage, die das widerspiegelt, was Sie in Teil Drei aufgedeckt haben. Für unser Beispiel könnte es sein: „Ich will die notwendige Energie und Vitalität, um die Dinge zu tun, die ich tun möchte."

Übersicht über Ihren Gesundheitszustand
Datum:

Wichtigkeit	Bereich	Zeichen guter Gesundheit	habe ich	geht besser
	Haare, Kopfhaut			
	Kopf			
	Augen, Sehkraft			
	Ohren, Hören			
	Nase, Riechen			
	Mund			
	Zähne, Zahnfleisch			
	Zunge			
	Kehle, Schlucken			
	Stimme			
	Kiefergelenke			
	Gesicht			
	Nacken, Muskeln, Knochen			
	Oberer Rücken, Schultern			
	Schultergelenke			
	Arme, Muskeln, Haut			
	Ellbogen			
	Handgelenke			
	Hände			
	Finger			
	Nägel			
	Immunsystem			
	Brustraum, vorne und hinten			

Wichtigkeit	Bereich	Zeichen guter Gesundheit	habe ich	geht besser
	Brüste			
	Herz, Kreislauf			
	Lunge, Atmung			
	Magen, Verdauung			
	Leber			
	Milz			
	Bauchspeicheldrüse			
	Nieren			
	Darm, Ausscheidung			
	Blase, Urinausscheidung			
	Sexualorgane, Funktion			
	Geschlechtstrieb, Libido			
	Menstruationszyklus			
	Fruchtbarkeit			
	Mittlerer Rücken Muskeln, Knochen			
	Unterer Rücken Muskeln, Knochen			
	Hüften, Muskeln, Gelenke			
	Oberschenkel			
	Knie			
	Unterschenkel			
	Knöchel			
	Füße, Zehen			
	Nägel			
	Beweglichkeit insgesamt			

Wichtigkeit	Bereich	Zeichen guter Gesundheit	habe ich	geht besser
	Kraft insgesamt			
	Ausdauer insgesamt			
	Gestige Funktion			
	Konzentration			
	Zufriedenheit			
	Gedächtnis			
	Zugriff auf Informationen			
	Schlafqualität			
	Appetit			
	Gewicht			
	Beziehungen			
	Gefühle			
	Fitness, tägliche Aktivitäten			
	Gewohnheiten, die zu öndern sind			

Persönliche Ergänzungen:

Überblick über die Ursachen von Heilung

4 Gesetze	4 Blumen	4 Schritte	4 Kräfte
Festgelegt	Reift ähnlich	Festlegen	Erkennen
Samen wachsen	Reift als Gewohnheit	Planen	Bedauern
Ohne pflanzen kein Ergebnis	Reift als Umwelt-Bedingungen	Handeln	Ausgleichs-handlung
Was gepflanzt wurde, muss Ergebnis haben	Säen/Reifen 65 pro Sekunde; gehen nie aus	FREUEN!	Zurückhaltung

4 Gesetze

1. **Festgelegt**: Geistige Samen der Güte werden als Ergebnisse reifen, die angenehm sind, und geistige Samen von Lieblosigkeit werden als Ergebnisse reifen, die unangenehm sind. Es kann nicht anders sein.
2. **Samen wachsen**: Geistige Samen wachsen; das Ergebnis wird größer sein als die Ursache.
3. **Samen, die nicht gepflanzt sind, können kein Ergebnis bringen**: Erwarten Sie nicht, dass etwas aus nichts kommt. Seien Sie nicht enttäuscht, pflanzen Sie einfach die Samen, die für das Ergebnis notwendig sind.

4. **Samen, die gepflanzt sind, müssen ein Ergebnis bringen**: Kein Samen verschwindet einfach so, ohne ein Ergebnis. Aber wir können lernen, unsere negativen Samen zu beschädigen. Dadurch verringern wir das Ausmaß ihrer Ergebnisse (oder halten sie sogar ganz auf).

4 Blumen

1. **Samen reifen als ein ähnliches Ereignis** wie das, welches sie gepflanzt hat.
2. **Samen reifen als die Gewohnheit**, auf ihr Ergebnis so zu reagieren, wie sie gepflanzt wurden.
3. **Samen reifen als Umweltbedingungen** (einschließlich der Menschen um uns herum), die das Verhalten reflektieren, das sie gepflanzt hat.
4. **Samen reifen in unser zukünftiges Jetzt**: Unsere Samen gehen nie aus. Sie werden mit einer Rate von 65 Samen/Sekunde gepflanzt und reifen mit der gleichen Rate; aber während der Zeitverzögerung dazwischen multiplizieren sie sich. So haben wir immer genügend geistige Samen für mehr Bewusstsein für „mich und meine Welt", wie auch immer das aussieht.

Vier Schritte

1. Die **genaue Festlegung** der Samen, die wir pflanzen wollen, um das Ergebnis zu bekommen, das wir wollen.
2. **Planung**, wie wir diese Samen pflanzen: Mit wem, was pflanzen wir und wie machen wir das.
3. **Absichtliche Handlung**: Den Plan ausführen, mit den beiden hohen Motivationen.

4. **Freude in der Vollendung**: Wir haben gehandelt, wir sind glücklich über die Bemühungen und über das Glück, das sie dem Anderen gebracht haben; damit werden die Samen bewässert, um ihre Reifung zu kultivieren.

Vier Kräfte

1. **Erkennen**: Unser Verständnis des Prozesses der geistigen Samen, um die negativen Samen zu erkennen, die wir haben und die wir nicht behalten wollen (entweder neue oder alte).
2. **Bedauern**: Eine tiefe Ablehnung für das Verhalten erzeugen, das die Ursache für unsere unfreundliche Tat war. Und daher ein tiefes Bedauern darüber, dass wir die Samen für mehr davon gepflanzt haben. Wir wissen, dass es wieder zu uns zurückkommt und uns verletzen wird. Das hat nichts mit Schuld zu tun, sondern ist nur tiefes, von Herzen empfundenes Bedauern.
3. **Ausgleichshandlung**: Eine bestimmte Aktivität als Gegenmittel festlegen und sie dann ausführen.
4. **Zurückhaltung**: Der Entschluss, das negative Verhalten für eine bestimmte Zeit, die wir auch einhalten können, nicht zu wiederholen und uns daran zu halten.

Ideen für Schritt 2: Planung

Klassische Gesundheitstipps

Achten Sie auf Ihr Gewicht
Machen Sie regelmäßig Sport
Nehmen Sie Nahrung zu sich, die wenig gesättigte Fettsäuren enhält und reich an Ballaststoffen ist, mit vielen Früchten und Gemüse
Gehen Sie regelmäßig zu Vorsorgeuntersuchungen
Achten Sie darauf, dass Ihre Impfungen auf dem neuesten Stand sind
Hören Sie mit dem Rauchen auf; fangen Sie nicht damit an
Reduzieren Sie Ihren Alkoholkonsum
Entspannen Sie sich
Achten Sie auf ausreichenden Schlaf
Vermeiden Sie ungeschützten Geschlechtsverkehr
Verwenden Sie regelmäßig Zahnbürste und Zahnseide
Schützen Sie sich vor übermäßiger Sonneneinstrahlung
Fahren Sie vorsichtig
Telefonieren Sie nicht während dem Autofahren
Schnallen Sie sich immer an
Fahren Sie nicht in alkoholisiertem Zustand
Gehen Sie gegebenenfalls zu den Anonymen Alkoholikern oder einer ähnlichen Gruppe
Lachen Sie viel, vor allem über sich selbst!

Alternative Gesundheitstipps

Tai Chi
Yoga
Schwimmen
Qi Gong
Ganzheitliche Medizin/pflanzliche Heilmittel, Homöopathie, Ayurveda, Traditionelle Chinesische Medizin/Akupunktur
Nehmen Sie geeignete Nahrungsergänzungsmittel
Gehen Sie 20 Minuten täglich spazieren
Dehnen Sie Ihren Körper
Verwenden Sie Gewürze als Medizin
Machen Sie eine Leberreinigung, mit der richtigen Anleitung
Machen Sie eine Darmreinigung, mit der richtigen Anleitung
Entspannen Sie sich
Achten Sie auf genug Schlaf
Machen Sie Spülungen, um die Nasenhöhlen rein zu halten
Hören Sie Musik
Singen Sie
Tanzen Sie
Spielen Sie
Setzen Sie sich keiner Umweltbelastung aus
Holen Sie sich ein Haustier und pflegen Sie es liebevoll
Lassen Sie sich regelmäßig Massagen geben
Knüpfen Sie Kontakte, gehen Sie unter die Leute
Seien Sie für andere Menschen da
Minimieren Sie Strahlenbelastung
Atmen Sie tief
Lächeln Sie

Samen zur Steigerung der Lebensqualität/ Leben schützen

Bringen Sie jemanden zur Notaufnahme/zum Arzttermin, wenn Sie die Gelegenheit dazu haben
Gehen Sie Gassi – mit irgendeinem Hund ... (natürlich mit freundlicher Genehmigung des Hundebesitzers)
Fahren Sie in Fahrgemeinschaften
Fahren Sie sicher und vorsichtig
Entfernen Sie Hindernisse: wörtlich und übertragen
Teilen Sie Informationen
Hören Sie anderen zu
Reduzieren Sie Abfälle (Wiederverwenden und wiederverwerten von Produkten)
Schonen Sie Ressourcen
Spenden Sie Blut oder Plasma
Bleiben Sie zu Hause, wenn Ihre Krankheit ansteckend ist
Achten Sie auf gute Hygiene
Ernähren Sie sich so oft wie möglich vegetarisch
Wählen Sie Eier von glücklichen Hühnern (unbefruchtet)
Servieren Sie anderen vegetarische Mahlzeiten, wenn Sie die Gelegenheit dazu haben
Töten Sie keine Insekten
Freuen Sie sich über kleine gute Taten
Handeln Sie mit Achtsamkeit für das Wohlbefinden aller
Haben Sie immer Trinkwasser dabei
Lassen Sie Regenwürmer frei, die man als Fischköder verwenden würde

Lassen Sie Futterfische & Grillen in einer passenden
   Umgebung frei
Kümmern Sie sich um die Sicherheit zu Hause und in der Arbeit
Helfen Sie Behinderten
Schauen Sie sich nach Möglichkeiten um, anderen zu helfen
Entfernen Sie Gefahrenquellen
Retten Sie ein Haustier aus einem Tierheim und pflegen Sie es
   liebevoll
Erinnern Sie jemanden daran, sein Medikament wie
   vorgeschrieben einzunehmen
Helfen Sie jemandem, regelmäßig Sport zu betreiben

Fügen Sie Ihre eigenen Ideen hinzu ...

Einfache Richtlinien

In meinen Seminaren werde ich oft nach einfachen Richtlinien gefragt, welche Verhaltensweisen zu vermeiden sind und was zu ändern ist. Hier sind zehn Richtlinien, die in allen spirituellen Traditionen gebräuchlich sind.

Unheilsame Handlungen, offensichtliche oder subtile Dinge, die wir tun und die in Form von schädigenden Ergebnissen zu uns zurückkommen:	**Heilsame Handlungen,** offensichtliche oder subtile Dinge, die wir tun und die in Form von erfreulichen Ergebnissen zu uns zurückkommen (das Gegenteil der zehn unheilsamen Handlungen):
Töten	Leben schützen
Stehlen	Eigentum schützen/achten
Sexuelles Fehlverhalten	Partnerschaften schützen/achten
Lügen	Wahrheit sprechen
Barsche Rede	Freundlich sprechen
Trennende Rede	Für Verbindungen und Verbundenheit sorgen, Menschen loben, über die guten Eigenschaften von anderen sprechen
Nutzlose Rede	Über Bedeutsames und zum Wohle anderer sprechen
Begehren (Eifersucht)	Sich über die Erfolge, den Wohlstand, das Erreichte und die Güte anderer freuen
Schadenfreude	Mitgefühl für das Unglück anderer haben, den Wunsch haben, ihnen zu helfen, egal ob wir sie mögen oder nicht
Falsche Weltsicht	Korrekte Weltsicht; „wir ernten, was wir säen" und die Auswirkungen davon verstehen

Literatur

Bücher, in denen die 4x4 erklärt werden:

Das tibetische Yoga des Herzens: Tägliche Übungen für Körper und Geist. Geshe Michael Roach, Theseus Verlag. 2004
Der östliche Pfad zum Himmel: Die Lehren von Jesus in Tibet – ein Wegführer zum Glücklichsein. Von Geshe Michael Roach, Edition Blumenau
Der Diamantschneider: Buddhistische Prinzipien für beruflichen Erfolg und privates Glück. Von Geshe Michael Roach, Edition Blumenau
Karmic Management: Erfolg durch Spiritualität. Von Geshe Michael Roach, Christie McNally und Michael Gordon, Edition Blumenau
Das Karma der Liebe: 100 Antworten auf Ihre Beziehungsfragen. Von Geshe Michael Roach, Edition Blumenau

Meine persönlichen Favoriten

Alle Bücher von, aber nicht beschränkt auf:
Caroline Myss, Deepak Chopra, Marianne Williamson, Annie Besant, Dawson Church, Norman Shealy, Joe Dispenza, Eckhart Tolle.

Geschichten, die das Leben schreibt

Die Kraft der Freude

Sarahni Stumpf

Nach vielen Jahren des Studiums der Vier Gesetze, der Vier Blumen, der Vier Schritte und der Vier Kräfte hatte ich die einmalige Gelegenheit, sie alle in einer akuten Notsituation zu verwenden. Noch vor dieser Zeit hatte ich begriffen, dass eine „Verzögerung" unvermeidlich ist und lange dauern kann. Doch plötzlich wurde in den letzten fünf Monaten unseres 1000-Tage-Retreats mein großer, gutaussehender, lustiger, intelligenter und gesunder Mann sehr kurzatmig. Sein Puls und sein Blutdruck stiegen an, und hatte er Schmerzen im Brustkorb. Wir trafen eine Entscheidung. Er sollte das Retreat abbrechen, und ich würde im Retreat bleiben. Warum genau ich geblieben bin, ist eine längere Geschichte. Er packte ein paar Sachen und nahm mit dem Betreuungspersonal des Retreats Kontakt auf. Sie brachten ihn sofort in die Notaufnahme des örtlichen Krankenhauses, 45 Minuten entfernt.

Von dem Moment an, als er unsere Retreat-Hütte verlassen hatte, bekam ich keine direkten Informationen mehr über seinen Zustand. Ich fand mich direkt konfrontiert mit dieser leeren, greifbaren, möglichen Art meiner Von-Moment-zu-Moment-Realität. Ich wusste nicht, ob er die Fahrt den Hügel hinunter überlebt hatte. Ich wusste nicht, ob das Betreuungspersonal ihn in die Notaufnahme brachte. Ich wusste nicht, ob er es in die Notaufnahme geschafft hatte. Ich wusste gar nichts. Da war ich nun, um zu erkennen, dass ich nichts tun konnte, bis jemand mit einer Nachricht kam.

Eigentlich war es faszinierend, so nah dran zu sein, diese direkte Erfahrung der wahren Natur der Realität zu haben. Ich konnte mich nicht darin auflösen. Mein Geist war noch zu aktiv, zu besorgt, aber ich bekam einen Eindruck, den ich nie vergessen werde.

Nach ein paar Stunden sagte der Leiter des Betreuungspersonals mir, dass David es in die Notaufnahme geschafft hat. Er war sehr krank. Es war nicht sein Herz. Sie wussten noch nicht, was es war. Er würde einen CT-Scan der Brust gemacht bekommen, und es würde zwei bis drei Stunden dauern, bis wir mehr wissen. Dann erzählte der Mitarbeiter von einer Erfahrung, die er mit seiner Frau vor kurzem hatte. Sie hatte Schmerzen in der Brust und war in die Notaufnahme gegangen. Alle Tests sagten, dass sie einen Herzinfarkt hatte. Sie brachten sie in den Behandlungsraum für ein Angiogramm. Während des Wartens sprach ihr Mann mit unserem Lehrer. Der gab ihm den Rat, an all das zu denken, wie seine Frau Leben geschützt und sich um die Gesundheit von anderen gesorgt hatte. Über all diese Samen der Güte, die seine Frau in ihrem Geist hatte, sollte er sich freuen. Sie hatte sechs Kinder und viele Enkel und so hatte sie viele, viele solcher Samen, von denen er wusste. Er saß im Wartezimmer, glücklich über ihre Samen der Gesundheitsfürsorge. Bald kam der Chirurg, um ihm zu sagen, dass das Herz und die Blutgefäße seiner Frau vollkommen gesund waren. Es gab keine Anzeichen für einen Herzinfarkt. Keine Blockaden. Was bedeuteten die vorangegangenen Testergebnisse? „Ich weiß es nicht", sagte der Chirurg, „aber ich sehe ein vollkommen gesundes Herz."

Ich nahm mir diese Anweisungen zu Herzen. Ich fing an, über all die Wege der Gesundheitsfürsorge nachzudenken, die ich angewendet hatte. Mir wurde aber schnell klar, dass ich die Gesundheitsfürsorge von David ermitteln musste. Glücklicherweise kannte ich ihn gut genug (wir waren zu diesem Zeitpunkt seit 37 Jahren verheiratet), um mich an alle Gelegenheiten zu erinnern, wie er Leben geschützt hatte. Ich wusste auch von Gelegenheiten, in denen er Leben geschadet hatte, und ich musste diese Gedanken immer wieder zurückweisen, sobald sie entstanden. „Nein, ich freue mich jetzt über seine Güte, ich möchte, dass diese Samen jetzt reifen." Wir waren seit über 20 Jahren Vegetarier. Er hielt einen verletzten Kolibri, während wir zu einem Spezialisten für die Behandlung hetzten. Er hielt an, um Menschen zu helfen, einen platten Reifen zu wechseln. Er kochte für uns, er reparierte Dinge für andere. Die Liste war sehr lang und wurde immer größer, je mehr ich darüber nachdachte. Während ich mir Sorgen machte, dass er sterben könnte, fühlte ich mich auch richtig glücklich. Glücklich, dass ich so starke Geschütze auffahren konnte, um meine reifenden Samen von „Mann krank genug, um zu sterben" gegen „Mann, dessen Leben gerettet wird" auszutauschen.

Das ging ein paar Stunden so, bis ich mehr Information bekam. David hatte massive bilaterale Lungenembolien und einen Lungeninfarkt (totes Lungengewebe). Eines seiner Testergebnisse war so schlecht, dass die Ärzte nicht glauben konnten, dass er noch am Leben war, ganz zu schweigen davon, dass er sogar ansprechbar war. Ja, er war stabil, bekam Sauerstoff und die richtige Medikation und wartete auf den Transport nach Tucson in ein größeres Krankenhaus, zwei Stunden entfernt. Wenn es keine Komplikationen gab, sollte alles gut verlaufen. Aber er müsste blutverdünnende Medikamente nehmen, was regelmäßige Blutuntersuchungen und eine sehr strikte Diät erforderte. Es war unwahrscheinlich, dass er für die letzten paar Monate des Retreats zurückkommen konnte. Es dauerte zwei Tage, bis ich weitere Informationen erhielt.

Ich war wie vom Blitz getroffen. Nicht durch die Nachricht, wie nah wir seinem Tod gewesen waren, sondern durch die schiere Kraft der Wahrheit der 4x4 und wie das etwas ist, das im Moment genutzt werden kann. Für mich war es nicht mehr rein theoretisch, sondern eine direkte Erfahrung.

Ich praktizierte noch mehr, um die Samen auszutauschen, dass er nicht mehr sicher ins Retreat zurückkommen könnte. Er hatte Samen davon, dass er tatsächlich mit dazu beigetragen hatte, dass andere Menschen in einem Retreat bleiben konnten, das in Gefahr war, geschlossen zu werden. Er hatte Samen davon, dass er sichergestellt hatte, dass die Häuschen in unserem Retreatzentrum den Sicherheitsvorschriften entsprachen. Er hatte das Wassersystem entworfen und gebaut, das alle mit gutem, gesundem Wasser versorgte. Diese Samen reiften so, dass er auf ein anderes Medikament eingestellt wurde, das weder häufige Blutuntersuchungen noch eine strikte Diät erforderte! Er kam ins Retreat zurück. Am Tag der Öffnung des Retreats verließen wir es gemeinsam in großer Dankbarkeit und Freude.

Ich habe diese Freude-Praxis seitdem mit Menschen geteilt, die in einer ähnlichen Situation waren – mit einem geliebten Menschen, der krank, aber noch nicht vollständig diagnostiziert war. Bis die Samen vollständig reifen, bleibt die Situation beeinflussbar. Sich über ihre Samen der Güte zu freuen kann eine starke und schnelle Wirkung haben. Dann helfen wir ihnen, mehr von diesen guten Samen zu erschaffen.

Sogar Erwartungen reagieren auf Samen

Sarahni Stumpf

Ich habe eine Freundin, eine Frau mittleren Alters, die schon in jungen Jahren degenerative Arthritis der Hüfte entwickelt hatte. Sie hatte ständige Schmerzen. Sie reagierte nur leicht auf Akupunktur, Reiki, Veränderungen in der Ernährung oder Medikamente. Menschen, denen sie vertraute, rieten ihr, eine Hüftoperation so lange wie möglich zu vermeiden. Sie verstand, dass eine Operation den Schmerz sowieso nicht beenden würde, weil der Schmerz nicht wirklich von der Arthritis verursacht wurde. So hinkte sie und benutzte einen Stock, schränkte ihre Tätigkeit ein und hatte die ganze Zeit Schmerzen. Dann ergab sich eine Gelegenheit, die häusliche Pflege für einen älteren Onkel eines Freundes zu übernehmen. Seine Frau war in einem Pflegeheim. Er besuchte sie einmal in der Woche und brachte sie nach Hause, damit sie ihre Katzen sehen konnte. Sein Gesundheitszustand verschlechterte sich bis zu dem Punkt, wo er das nicht mehr ohne Hilfe schaffte. Seine Nichte war besorgt, dass er nicht mehr alleine leben konnte. Meine Freundin ergriff die Gelegenheit. Sie half diesem Mann, seiner Frau und ihrem Freund in Bezug auf deren Gesundheit, Sicherheit, dem Besuch im Altersheim und der Beziehung. Und nebenbei hatte sie die ganze Zeit einen Platz, wo sie bleiben konnte! Sie sorgte sehr sanft und freundlich für den Mann. Nach knapp einem Jahr beschloss sie, dass es Zeit für ihre Hüftoperation war. Sie geht nun schmerzfrei, ohne zu hinken und ohne Stock.

Ein Neuer Weg

Ron Becker

Im Jahr 2000 wachte ich eines Morgens auf und sagte meiner Frau, dass mit einem meiner Augen etwas nicht stimmte. Wir gingen zum Augenarzt, der mir sagte, dass ich Makuladegeneration hätte, ein Leiden, das viele ältere Menschen trifft. Im Laufe der Jahre tauchte es auch in meinem anderen Auge auf.

Im selben Jahr hatten wir die alten Weisheitslehren von unserem spirituellen Lehrer wieder aufgenommen. In dieser Zeit hatten wir Verbindung mit einer Frau in Arizona, die eine Klinik direkt hinter der mexikanischen Grenze hatte. Ich wurde der Teilelieferant für die Klinik und entwickelte in der Gegend um Denver ein Netzwerk von Händlern für Zubehör der physikalischen Therapie: Rollstühle, Gehhilfen, Krücken und Stöcke. Im Lauf der Jahre habe ich viele LKW-Ladungen voll gebrauchter Ausrüstung, die mir die Händler gaben, nach Mexiko gebracht.

Nach dem Wiedererlernen der Vier Schritte eines Karmischen Weges widmete und freute ich mich über all den Verdienst, den ich in meinem Leben geschaffen hatte. Ich hatte vielen Menschen in Mexiko Erleichterung verschafft.

Auch damals in den 1970er-Jahren schickten meine Frau und ich monatlich Geld an SEVA, eine Organisation, die kostenlose Brillen und vor allem kostenlose Kataraktoperationen für arme Menschen auf der ganzen Welt zur Verfügung stellt (www.seva.org). Für 35 Dollar im Monat konnten wir die Blindheit einer Person in der Welt „heilen".

Vor etwa einem Jahr bemerkte ich, dass meine Augen besser zu werden schienen. Bei meinem letzten Termin sagte meinem Augenarzt, dass meine Augen DEFINITIV besser waren! Das kommt davon, dass ich andere mit dem versorge, wovon ich mir wünsche, dass mir das auch passiert. Wir können alles ändern, indem wir die Samen dafür erschaffen und reifen lassen.

Nachdem meine Schwiegermutter 2012 gestorben war und uns etwas Geld hinterlassen hatte, entschieden wir uns, es zu nutzen, um anderen zu helfen. Wir schickten genug Geld an SEVA, um eine Augenklinik in Nepal zu fördern. So bekommen viele blinde Menschen Kataraktoperationen und sehen zum ersten Mal Enkelkinder oder Schwiegertöchter oder ihre Ehegatten.

Wir werden weiterhin die Welt, die wir wollen, erschaffen.

Sarahnis Nachtrag: Bei einer Nachsorgeuntersuchung wegen seiner Rückenbeschwerden wurde bei Ron zufällig ein großes Aortenaneurysma gefunden. Es wurde erfolgreich behandelt. Aortenaneurysmen verursachen in der Regel einen plötzlichen Tod, bevor sie gefunden werden. Hatte Ron nur Glück? Oder war es das Ergebnis seiner Gesundheitsfürsorge für andere?

Die Vier Schritte leben

Christine Walsh

Im Jahr 2006 begann ich alte Weisheitspraktiken zu studieren und einen neuen Weg zu lernen, die Wurzeln der Ursachen von Gesundheit und Wohlbefinden zu verstehen. Die Weisheit ist tiefgreifend und klingt sehr einfach, aber ich kann Ihnen ohne Vorbehalt sagen, dass es die stärkste Medizin war. Die Medizin, die schlussendlich bei mir wirkte.

Gerade ein Jahr zuvor wurde bei mir rheumatoide Arthritis diagnostiziert. Es ist eine schmerzhafte und schwächende Krankheit. Ich hatte es praktisch in jedem Gelenk meines Körpers. Ich hatte starke Schmerzen, und ich hatte Angst. Die meiste Zeit meines Lebens hatte ich fast vollkommene Gesundheit und unbegrenzte Energie. Ich liebte meine Arbeit als Psychologin, aber ich musste aufhören, da ich mich kaum mehr selbst ankleiden konnte. Nachdem ich geduscht hatte musste ich eine Stunde ruhen, um meine Energie zurück zu bekommen. Manchmal war ich in einen Raum eingesperrt, weil ich den Türknopf nicht drehen konnte. Ich wurde quasi über Nacht von einer lebendigen, von Energie strotzenden Frau in den Fünfzigern zu einer kranken, gebrechlichen alten Frau.

Mein Arzt gab mir die üblichen Medikamente für RA, und er erhöhte ständig die Dosis, aber ich hatte immer noch starke Schmerzen und sehr eingeschränkte Mobilität. Dann arrangierte mein Mann, dass ich in die Mayo-Klinik zum besten RA-Arzt des Landes gehen konnte. Ich wollte eine ganzheitliche Art der Behandlung, was natürlich Medikamente miteinschließt, aber von anderen Praktiken ergänzt wird. Die Mayo-Ärztin sagte mir, dass ich zwei Möglichkeiten hätte: die Medizin so zu nehmen, wie sie verordnet ist, oder das Leben in einem Rollstuhl zu verbringen.

Ich nahm die Medizin, und ich hatte immer noch Schmerzen, und ich hatte immer noch sehr wenig Energie. Dann begann ich, in die alten Weisheitspraktiken einzutauchen. Das Kernprinzip ist, dass, wenn ich meine Gesundheit wiedererlangen will, wenn ich will, dass meine Medizin wirklich effektiv ist, wenn ich Energie und Vitalität haben will, ich das, was ich will und brauche, jemand anderem geben muss. Als ich das hörte, klang es merkwürdig, sonderbar und zu gut, um wahr zu sein. Also, wenn Sie Vorbehalte haben, umso besser! Fordern Sie die Grundsätze heraus, kämpfen Sie mit ihnen. Aber lassen Sie sich nicht durch Ihre Zweifel davon abhalten, die Prinzipien anzuwenden und auszuprobieren.

Mit dieser schmerzhaften Krankheit hatte ich nicht die Ressourcen oder die Energie, anderen physisch zu helfen, und so begann ich mit dem, was ich tun konnte: eine Meditation namens Geben und Nehmen. Geben und Nehmen ist eine nach innen gerichtete Art und Weise, anderen zu helfen und ihnen genau die Dinge zu geben, die Sie für sich selbst wollen. Diese Meditation ist sehr alt und kraftvoll und alles, was ich sagen kann ist, dass es für mich wunderbar funktioniert hat. Nun, es ist nicht über Nacht passiert. Ich habe die Meditation über ein Jahr lang gemacht. Es war meine vorherrschende Praxis, und als ich begann, mich besser zu fühlen, begann ich mich auch körperlich zu engagieren, ehrenamtlich. Ich lehrte diese Meditation in der RA-Station, nutzte jede Gelegenheit, anderen zu helfen, die in irgendeiner Weise krank oder leidend war.

Eines Tages fiel mir auf, dass ich ja Hatha Yoga machte, ich reiste nach China, ich unterrichtete und hatte die meiste Zeit sogar vergessen, dass ich RA hatte. Ich nahm immer noch meine Medizin, aber meine Medizin wirkte jetzt. Ich praktiziere heute immer noch. Jetzt ist mein Ziel, dass ich gar keine Medizin mehr nehmen muss.

Was ich damit sagen will ist, dass in dieser Weisheit zu leben und die alten vollkommenen Lehren zu praktizieren, eine Praxis ist. Das bedeutet, es muss zu einem Lebensweg werden, es muss Ihr Leben durchdringen. In dem Moment, in dem ich mich krank fühle oder alte RA-Symptome spüre, fange ich an, intensiver zu arbeiten. Ich pflanze Samen für die Gesundheit und suche jemanden, der krank ist, um ihm zu dienen. Wenn es nach mir ginge, würde bei allen Arzneiflaschen, ob für medizinische oder psychologische Behandlungen, auf dem Etikett unter der Anwendung stehen: „Nehmen Sie zwei Stück zum Essen und dienen Sie den Kranken mit Güte und Mitgefühl."

Ich weiß, wie es klingt. Ich bin eine Psychologin, deren primärer Geist immer auf der Suche nach logischen Erklärungen, unterstützender Forschung und den Quellen für diese Informationen ist. Ich kann Ihnen nur eins sagen: Ich weiß ohne jeglichen Zweifel, dass das Verständnis und das Praktizieren dieser Weisheit das Einzige ist, das wirklich funktioniert. Es sind die Samen unserer Güte und unseres Mitgefühls, die den anderen Maßnahmen wie Medizin, Chirurgie, Diäten oder Übungen die Kraft der Heilung geben.

Wenn Sie, lieber Leser, wie ich sind, würden Sie mehr als die Geschichte von jemandem wollen, um sich von der Wirksamkeit dieser Weisheit zu überzeugen. Die einzige Lösung ist, selbst Wissenschaftler zu werden. Probieren Sie es aus. Beweisen Sie es sich selbst. Nur so kann man eine neue Idee überprüfen; lernen Sie sie, üben Sie sie und beweisen oder widerlegen Sie sie. Wenn Sie sich entscheiden, diese Weisheit zu leben, werden Sie ein gesünderer und glücklicherer Mensch, und dieses Ergebnis werden Sie nicht aufhalten können.

Kraft der Freude

Joshs Geschichte, von seiner Mutter erzählt

Mein Sohn Josh war immer ein großartiges Kind: unbekümmert, intelligent, witzig, sanft, freundlich zu seinen Geschwistern. Schon in jungen Jahren hatte er immer seine eigene Persönlichkeit und wurde nie von Gruppendruck beeinflusst. Im Gymnasium war er in seinem ersten und zweiten Jahr ein Musterschüler. Als er in der Mittel- und Oberstufe war, bemerkten wir einige Veränderungen. Er war weniger gesellig, leicht reizbar, und seine Noten wurden schlechter. Er war nicht mehr am Unterricht interessiert oder daran, gute Noten zu bekommen. Wir versuchten, mit ihm zu reden, aber wir wussten nicht so recht, was wir tun sollten und haben es als Teenager-Verhalten abgetan.

Josh begann sein erstes Semester der Uni. Als er in den Winterferien zu Hause war, erhielten wir seine Noten. Er war in einem Fach durchgefallen und hatte eine vier in einem anderen. Als wir mit ihm darüber sprachen, brach er zusammen und sagte, er merke, dass mit ihm etwas nicht stimmt und dass er Hilfe brauchte. Er sagte: „Ich komme einfach nicht aus dem Bett. Ich will ja alles gut machen, und ich fühle mich schlecht, weil ich das, was ich machen soll, nicht schaffe. Ich kann mich einfach nicht konzentrieren oder etwas fertig machen."

Josh zog zurück nach Hause und ging zu einem Psychiater, der bei ihm Angst und Depression diagnostizierte. Er wurde auf Medikamente eingestellt, die ihm halfen, wieder in die richtige Bahn zu kommen. Er fand bald einen Job und begann Vollzeit zu arbeiten. Nach einigen Monaten zog Josh in seine eigene Wohnung. Er kam gelegentlich an den Wochenenden oder wenn wir eine Familienfeier hatten nach Hause. Er schien nicht mehr ganz zurück bei seinem alten Selbst zu sein, aber es war besser. Auf eigene Faust beschloss er, die psychiatrische Behandlung abzubrechen und das Medikament abzusetzen. Josh kam an einmal pro Woche zu Besuch. Er schien die ganze Zeit in Ordnung zu sein. Als er jedoch ging, begann er zu weinen. War seine Depression zurück? Seine Sprache war auf einmal verwaschen. Er war nicht konzentriert und redete Unsinn. Es stellte sich heraus, dass er einige verschreibungspflichtige Schlaftabletten genommen hatte, die wir im Haus hatten. Als uns klar wurde, dass er eine Überdosis eingenommen hatte, riefen wir den Notarzt. Die Rettungssanitäter sprachen alleine mit Josh und sagten uns, dass er zugab, regelmäßig Drogen und Alkohol zu nehmen. Sie brachten ihn mit dem Krankenwagen ins Krankenhaus.

Wir durften nicht in den Untersuchungsraum, bis der Arzt mit Josh gesprochen hatte. Während wir im Wartezimmer waren, rief ich Sarahni an. Sie sagte mir, dass ich sofort anfangen sollte, an alle besonderen Situationen zu denken, in denen Josh im Laufe der Jahre Leben geschützt und anderen geholfen hatte. Ich sollte gleich anfangen, mich über all die guten Dinge zu freuen, die er getan hatte. Sie bat mich, diese auch mit ihr zu teilen, sodass sie und ihr Mann sich auch an ihnen erfreuen konnten. „Wir können diese Samen sehr schnell umdrehen", sagte sie.

Im Krankenhaus kam heraus, dass Josh während der letzten Monate jeden Tag Alkohol und jede vorstellbare Art von Drogen zu sich genommen hatte. Die Krankenschwester in der Notaufnahme sagte, er brauche sofort Hilfe, sonst würde er wahrscheinlich sterben. Als die Drogen aus seinem Körper gespült waren, wurde er aus dem Krankenhaus entlassen. Es war 3 Uhr in der Früh. Als wir durch die Tür hinausgingen, umarmte mich Josh: „Vielen

Dank, dass du immer für mich da bist, Mom!" Er hatte einen klaren Kopf und ein leichtes Herz. Er verbrachte die Nacht zu Hause. Am nächsten Morgen sagte er, dass er nicht in ein Behandlungszentrum gehen wollte, aber dass er wieder zu einem Psychiater gehen würde. Ich wusste, dass er mehr Hilfe benötigte, als ein Psychiater ihm geben konnte, aber ich argumentierte nicht und sagte ihm, ich würde einen neuen Psychiater finden. An diesem Tag konzentrierte ich mich auf all die guten Dinge, die er für seine Freunde und andere getan hatte. Ich freute mich über die Güte, die er in sich hatte. Als er später an diesem Abend wieder nach Hause kam, erzählte er uns, dass er beschlossen hatte, sich Hilfe in einem Behandlungszentrum zu holen und nach Hause zurückkäme, wenn wir ihn aufnehmen würden.

Ich rief eine Freundin an, die Verbindung mit einem ambulanten Behandlungszentrum hatte. Sie gaben uns am nächsten Morgen einen Termin. Josh hatte mit der Person in der Aufnahme gleich einen guten Draht und erklärte sich bereit, das Drogen- und Alkoholprogramm noch in der gleichen Woche zu beginnen. Zwei Monate später schloss er das Programm ab, fand einen neuen Job und ging zurück an die Uni.

Wenn ich zurückdenke, wie schlecht die Dinge für ihn standen und wie schnell sie sich drehten, bin ich wirklich erstaunt. Es scheint fast wie ein Wunder. Er hatte lange Zeit getrunken und war auf Drogen. Wir mussten ihn nicht „überzeugen", dass er clean werden musste und Behandlung brauchte. Wir mussten auf keinerlei Art eingreifen. Fast ohne Widerstand stimmte er zu, sich Hilfe zu holen. Innerhalb von zwei Tagen wurde er in einem ambulanten Programm eingeschrieben, und innerhalb von zwei Monaten war er praktisch ein neuer Mensch. Und er ist jetzt seit über zwei Jahren clean, arbeitet glücklich und hat an der Uni immer eine Eins in den Hauptfächern. Ich spüre wirklich, dass es die Freude-Praxis war, die bewirkte, dass sich die Dinge so schnell und mit so wenig Widerstand drehten!

Werden Sie Ihre Rückenschmerzen los und freuen Sie sich! Oder freuen Sie sich, und Sie werden Ihre Rückenschmerzen los!

Jan Henrikson

Rückenschmerzen hatten mich gezwungen, ein Treffen mit meiner Klientin Sarahni abzusagen. Wir wollten über ihr Buch reden, in dem es darum ging, Samen der Freundlichkeit zu pflanzen und sich über Samen der Freundlichkeit, die bereits gepflanzt wurden, zu freuen. Plötzlich traf es mich selbst. Ich war beim Chiropraktiker. Schmerzpflaster. Nahrungsergänzungen. Warum es nicht mit dem Freuen probieren? Zuerst war ich zögerlich und es fühlte sich unangenehm und gekünstelt an. Wie hatte ich jemals wirklich jemanden in seinem Wohlbefinden unterstützt? Sollte ich nicht besser meine Arbeit machen, wenn ich im Bett lag?

Dann erinnerte ich mich: eine gute Handlung hier, ein guter Gedanke dort. Schon nach kurzer Zeit fühlte sich mein Körper erhellt, ganz und weit an statt eingeengt mit Rückenschmerzen. Die Freude wurde ein Liebesbad für meinen Körper, das schnell und fast unglaublich mein Wohlbefinden steigerte.

Ich fühlte mich genauso, wie wenn ich Nachrichten von Geist/Quelle/Göttlichem/Höherem Selbst – wie auch immer Sie es nennen wollen – übermittle, die immer voller Liebe sind. Wenn ich Kopfschmerzen oder ein anderes körperliches Symptom habe, verschwindet das, während ich übermittle und kommt dann nach und nach zurück, wenn ich in meinem „normalen" Bewusstsein bin. Wie befreiend war es zu entdecken, dass ich nicht in einem meditativen oder veränderten Zustand sein muss, um das gleiche Gefühl von überquellendem Wohlfühlen zu erfahren. Alles, was ich tun muss, ist, mich zu erinnern.

Der Weg der Harfe

Megha Roezealia Morganfield, MS

Ich war einmal die Prinzessin des Leids, das ich teilweise der Tatsache zuschrieb, dass ich im Alter von fünf Jahren den Tod meines Vaters miterlebte. Schon seit meinen späten Teenagerjahren wusste ich, dass ich selbst für die Heilung von so vielen Problemen verantwortlich war (einschließlich wie ich mich in der Opferrolle erlebt hatte). Der wahre Wendepunkt war jedoch, als ich mit Ende Zwanzig meine innige Verbundenheit mit der keltischen Harfe gefunden hatte. Ich dachte, dass ich mein Instrument lernte, um mein eigenes Repertoire an Liedern begleiten zu können, und ich habe dies auch mit großer Freude getan. Aber es gibt einen weiteren Aspekt in meinem Harfen-Leben, der ebenso bedeutsam ist – das Spielen für Sterbende und die Gemeinschaft, die sie jeweils unterstützt.

Ich habe herausgefunden, dass ich wahre Gnade anbieten und übertragen kann. Dass die sanften Schallwellen der Harfensaiten, die das Jetzt umranken, unmittelbar Vorsehung bringen. Hier in einem Raum, wo ein Leben hinübergeht und wo es wahrscheinlich viele Facetten der Trauer gibt, kann ich demütig diesen Prozess unterstützen. Mit meiner Harfe zu kommen und in diesem Moment einer anderen Seele gerecht zu werden, bringt auch mir jedes Mal sehr tiefen Frieden. Mein eigener persönlicher Verlust und meine Lebensumstände waren der Kanal für mein persönliches Erwachen ... durch die Harfe ... Gnade zu bringen: dass Leben und Tod eine spirituelle Erfahrung sein kann, die uns ausgleicht und uns zur Vollständigkeit zurückbringt.

Samen der Liebe ernten

Rachelle Zola

Die Taxifahrt in Quito, Ecuador, dauerte nur 25 Minuten. Ich sagte meinem Taxifahrer auf Spanisch, dass ich sehr glücklich bin, sein Land zu besuchen. Die Menschen sind großzügig und liebevoll. Er lächelte. Sonst haben wir nicht gesprochen.

Wir kommen zum Terminal Süd. Er parkt sein Auto. Ich nehme meinen Rucksack aus dem Kofferraum und er geht mit mir los! Er bringt mich in dieses ziemlich große Terminal! Er erkundigt sich, wo der Ticketschalter ist. Er geht mit mir an den Ticketschalter und sagt dem Mann am Schalter genau, wo ich hin will und sagt mir, wieviel es kostet. Er wartet, bis ich bezahlt habe. Dann nimmt er das Ticket und deutet mir, ihm zu folgen. Im Laufschritt gehen wir durch das Terminal und dann zu den Bussen hinaus. „Fünf Minuten!", sagt er. Als wir zum Bus kommen, spricht er mit dem Fahrer, um sicher zu stellen, dass es der richtige Bus ist.

Wir sind ein wenig außer Atem. Wir, der Taxifahrer und ich, sehen einander an. Ohne Worte umarmen wir uns wie zwei langjährige Freunde, die sich verabschieden. „Adios", sagt er. Ich lege meine Hand auf mein Herz. Er wartet, bis ich in den Bus eingestiegen bin. Während ich dies schreibe, kommen mir die Tränen. So viel Liebe. Mein Herz ist überfüllt mit Liebe.

<u>Hinweis:</u> Rachelle wusste irgendwie, dass sie in Ecuador sein sollte. Sie konnte nicht bewusst verstehen, warum. Doch sie hörte auf diesen Ruf. Sie kam gerade rechtzeitig, um in einem Waisenhaus zu helfen, das nach dem Erdbeben mit noch mehr hilfsbedürftigen Kindern überfüllt war als sonst. Ihre Samen der Liebe

und des Mitgefühls, die sie laufend für andere pflanzte, kamen als unerwartete und tiefe Ergebnisse der Liebe und des Mitgefühls zu ihr zurück; wie die scheinbar spontane Seelenverbindung mit einem Taxifahrer.

Seien Sie die Veränderung und lassen Sie Samen von außergewöhnlicher Güte wachsen

Eliana Morris
elianamorris.path@gmail.com
path-edu.org

Der letzte Sieben-Jahres-Zyklus meines Lebens war eine schwierige Zeit für mich. Vor sieben Jahren wurde ich schwanger. Dieses tiefe, unbeschreibliche Ereignis in meinem Leben brachte eine Art von Verantwortung mit sich, die ich noch nie erfahren hatte. Die meisten Eltern wissen, dass es praktisch unmöglich ist, auf die gewaltige Verantwortung vorbereitet zu sein, sich um einen anderen Menschen zu kümmern. Doch zu meinem großen Glück hatte ich die zehn Jahre vor der Geburt meines Kindes intensiv mit tiefem Lernen und Praktizieren mit meinem spirituellen Lehrer verbracht; wie ich die persönliche und soziale Verantwortung für das Leben übernehme, das ich erlebte. In den ersten drei Jahren hatte ich etwa 600 Stunden Studium und Praxis zu absolvieren, wie Samen der Güte zu pflanzen sind, damit Güte zurückkommen kann. Es war so, als wollte ich die Wissenschaft hinter dieser goldenen Regel studieren. Ich verbrachte dann die nächsten sechs Jahre damit, mein „Master"-Studium und die Praxis mit meinem spirituellen Lehrer fortzusetzen. An mehr als 500 Tagen in der entlegenen Wüste lernte ich, wie ich Samen pflanze und ein außergewöhnliches Leben für mich und andere wachsen lasse. Zudem hatte ich ein Jahrzehnt vor der Mutterschaft Kindern, Eltern und Pädagogen beigebracht, wie man „selbst die Veränderung ist und Samen von außergewöhnlicher

Güte wachsen lässt". Das ist das Motto meiner gemeinnützigen Organisation in der Erziehung.

Mit der Geburt meines Kindes wurde es ernst.

Kein Unterricht mehr.

Keine Diskussionen mehr.

Keine Retreats mehr und Meditationen auf dem Kissen.

Bleib einfach ruhig und tu es! In dem Moment, als meine Tochter zu krabbeln begann, holte ich meinen Kissen zeitweilig wieder hervor, um wieder zu praktizieren und um Achtsamkeitsmeditationen für Kleinkindpädagogen zu erschaffen. Alles, was ich nach diesem unglaublichen Glücksjahrzehnt des Lernens und Praktizierens tun konnte war, selbst die Veränderung zu werden – für meine Tochter und die Welt, die wir zusammen geerbt haben.

Dadurch, dass ich während der letzten sieben Jahre die Philosophie und die Methoden angewandt hatte, konnte ich alle meine Ziele erreichen und habe sie sogar übertroffen. Ich kaufte ein Haus und bezahlte meine Hypothek, ohne dass ich einen Vollzeit-Job hatte, ich arbeitete nur 5-10 Stunden pro Woche. Das Pflanzen von Samen erlaubte mir, meinen Traumjob als Erzieherin zu erschaffen. Ich musste nicht Vollzeit in einem kaputten System arbeiten, das mir vorschreibt, was und wie ich unterrichten soll, und ich verdiente das Doppelte. Das Größte dabei war: Durch das Pflanzen von Samen musste mein Kind nie in eine Kindertagesstätte und war keinen einzigen Tag ohne seine Mutter, bis es viereinhalb Jahre alt war. (Meine ersten zwei Tage ohne mein Kind habe ich in großer Dankbarkeit in einem Einzelretreat verbracht!) Mein Kind konnte Tanz, Musik, Schwimmen und Theaterunterricht genießen. Sie besucht nun eine Schule auf 3 Hektar Land. Die Gründerin der Schule ist die Schülerin des Schülers von Maria Montessori – ein Stammbaum, der mein Erzieherherz erfüllt.

Doch der Beginn meiner Reise in die Mutterschaft war sehr turbulent. Weniger als zwei Jahre, nachdem meine Tochter geboren wurde, hatte ich buchstäblich kein Zuhause für uns. Wir lebten von 700 Euro im Monat. Ich hatte nicht einmal eine Handvoll Bekannte in unserer neuen Stadt. Ich wusste nicht, wie ich ein sicheres Zuhause und die Ressourcen finden würde, um unsere Grundbedürfnisse zu erfüllen. Wir brauchten Freunde, die eines Tages studieren und Samen pflanzen würden, sodass meine Tochter und ich eine echte Gemeinschaft pflegen konnten. Ich brauchte auch einen Geschäftspartner, der die Fähigkeiten und Erfahrung hatte, Geld aufzutreiben und der die Projekte und Programme vom „Samen-Pflanzen" starten konnte. Das Wichtigste im gegenwärtigen Zustand als Mutter mit einem Baby war: Ich musste als primäre Betreuungsperson mein Baby mit Achtsamkeit erziehen. Ich war entschlossen, diese Ziele zu erreichen und dabei meine Tochter von einer Kindertagesstätte fern zu halten.

Ich hatte noch nie eine solche Einsamkeit und Verletzlichkeit erlebt, wie als Mutter mit einem sehr kleinen Kind ohne Heimat und ohne Job. Dies war die beste und perfekte Zeit, um diese Idee vom Pflanzen von Samen zu akzeptieren und in die Tat umzusetzen – dass man Samen für eine Zukunft pflanzt, um ein außergewöhnliches Leben zu erschaffen. Ich atmete ein paar Mal tief ein und aus und gab mir und meiner Tochter fünf Versprechen, sodass ich Samen pflanzen konnte, die für uns in ein außerordentliches Leben wachsen würden:

1. Bleib Positiv
Lächle, auch wenn dein Herz schmerzt – obwohl es so verlockend ist zu glauben, dass man ein Opfer ist. Die Außergewöhnlichkeit muss im gegenwärtigen Moment zu finden sein. Und ich bin ver-

antwortlich dafür, diese Hinweise der Liebe, die immer da sind, zu finden. (Die Suche nach jemandem, der mehr verletzt ist als ich, ist immer ein Zugang zum Herz, wenn es weh tut!) Das ist nicht das Gleiche wie Schmerz zu verbergen oder Probleme zu unterdrücken.

2. Glaube an das Gute
Hab Vertrauen in das Pflanzen der Samen von Güte, Frieden und Freude. Das Verständnis, das Güte nur aus Güte kommt, muss in deinem Geist verwurzelt sein, um den Glauben an das Gute zu haben. Dieser Glaube an das Gute ist es, was meine nächste Aktion motiviert, vor allem, wenn die Dinge schwierig sind. Diese Quelle der Weisheit ist der fruchtbare Boden, den jede Realität der „Samen-Pflanzung" benötigt. Es ist meine Verantwortung, den Beweis und die Beziehung von Ursache und Ergebnis in meinem Leben zu finden. Es ist eine Wissenschaft, die Wahrheit zu finden, dass Pflanzen von Güte zu Güte wächst. Wenn du diesen Beweis in deinen eigenen Geschichten der Güte findest und die Wahrheit des Guten auch durch die Wahrheit in den Geschichten anderer findest, dann gewinnst du die Ausdauer und das Durchhaltevermögen, die ein Gärtner braucht.

3. Nimm deine „momentane Wahrheit" an
Akzeptiere deine Emotionen und Erfahrungen. Wenn es weh tut und es schwierig ist, nimm deine Gefühle an. Tu nicht so, als ob sie nicht da wären. Sind diese schmerzhaften Gefühle und Gedanken zu ändern, vergänglich, und kommen sie aus einer früheren Ursache, die geändert werden könnte? Meine Antwort im Moment des Schmerzes: Wen interessiert die ultimative Wahrheit und Wirklichkeit? Gerade jetzt, im Moment des Herzschmerzes, muss ich

eine „momentane Wahrheit" annehmen und freundlich und ehrlich mit mir sein. Das ist übel, und ich brauche etwas Zeit, damit ich es fühlen und verarbeiten kann! Auf diese Weise akzeptiere ich mich, indem ich annehme, wie ich die Dinge wirklich erlebe, unabhängig von „letztendlicher Wahrheit". Es gibt eine Zeit und einen Ort für „ultimative Wahrheit".

Wie auch immer, diese „momentane Wahrheit" funktioniert nur, wenn du folgendermaßen vorgehst:

(a) Atme durch den Schmerz und denk daran, dass du vorübergehend hässliche Gedanken haben wirst. Deine guten Worte werden sich bald in gemeine Ausdrücke verwandeln. Schuld, Opferhaltung, Wut und Trauer werden alle nachlassen! Deine Geschichte wird ein Ende haben.

(b) Streng dich an, um Hoffnung oder ein formelles Gebet auszudrücken, dass deine positive Einstellung und der Glauben an das Gute zurückkommt!

(c) In den Momenten (Stunden, Tage, Wochen!) des Leidens und der Geistesgifte versuche daran zu denken, dass, was du fühlst und erlebst einem wesentlichen Zweck dient. Du kannst in der Zukunft anderen mit dem gleichen Schmerz helfen! Akzeptiere die Erfahrung, sodass du den Schmerz für dich selbst und andere heilen kannst. Hoffe, dass du vielen, vielen Wesen mit demselben Problem helfen kannst, und wenn du bereit bist, mach ein neues Versprechen, dass du das tun wirst!

4. Was immer du willst, gib es weg!

Dies sind der Regen und der Sonnenschein für deine Samen von Größe. Fruchtbarer Boden (das Studium der Weisheit vom Samenpflanzen) ist verschwendet, wenn du deinen Samen nicht die Nahrung gibst, die sie brauchen, um zu wachsen. Es ist so wichtig, dies sowohl wörtlich zu nehmen als auch es zu glauben. Es gibt unzählige kreative Wege, großzügig zu sein.

Verschenke Geld, wenn du Geld willst. Verschenke Häuser, wenn du ein Heim willst. (Könntest du nicht ein Vogelhaus bauen? Oder eine Kiste und Decke für die streunende Katze rausstellen?) Verschenke Freundschaft, wenn du Freundschaft willst. Verschenke gute Schulen, wenn du eine gute Schule für dein Kind willst. Ja, es gibt viele Möglichkeiten, wie du Geld weggeben kannst, auch wenn du keins hast. Es gibt viele kreative, tugendhafte Möglichkeiten, Dinge zu verschenken. Du kannst wirklich Dinge weggeben, auch wenn es scheint, als ob du sie nicht hast! (Ich gehe in meinen persönlichen Erfahrungen in einigen Punkten genauer darauf ein.)

Aber „wollen" kann sehr schwierig sein. Das Pflanzen der Samen wird nicht funktionieren, wenn das, was du willst, nicht wirklich dir selbst und anderen hilft. Dein Wunsch muss in Güte, Frieden und Freude verwurzelt sein. Dein Wunsch muss zudem die folgenden 3 Dinge haben: **eine effiziente, effektive und außergewöhnliche Art und Weise, Glück in die Welt zu bringen.** Es liegt an dir, diese verwurzelte Verbindung zu finden. Wenn du das nicht kannst, geh weiter.

(In meinem „Samen pflanzen"-Lehrplan, haben wir sieben Prinzipien mit ethischer Achtsamkeit zu erziehen und zu lehren. Diese helfen uns zu verstehen, was effizient, effektiv und außergewöhnlich ist.)

Als letztes noch: Lass deine Anhaftung von dem, wie dein Ziel aussehen soll, wenn es einmal erreicht wird, los. Was du willst und wie es sich nach dem Pflanzen von Samen manifestieren wird, kann jenseits von allem sein, was du dir jemals erhofft hast! Überlasse diese Details den Kräften des Guten. Du bist jedoch für die Details der Ursachen verantwortlich. Du bist verantwortlich für die Umsetzung der Details von Liebe, Frieden und Freude in AKTION! Je mehr Details du in den Glauben, die Planung und Durchführung von Güte einfließen lässt, desto erfolgreicher wirst du als Samen pflanzender Gärtner sein, und deine Ergebnisse werden von selbst kommen.

Wer, was, und wo du glaubst, dass die Quelle der Güte und ihre Ursachen herkommt, ist eine sehr persönliche, intime Angelegenheit. Dein persönliches Verständnis von den Ursachen der Güte ist es, das dich befähigt zu wissen, wie du die Welt zu einem besseren Ort machen kannst. Aber DU bist dafür verantwortlich, mit der Quelle des Guten zu arbeiten, sodass du das Instrument des Friedens in dieser irdischen Wirklichkeit bist.

5. Freuen und Widmen!

Nimm diesen Schritt nicht zu leicht. Stelle sicher, dass deine Freude in direktem Zusammenhang mit den aufrichtigen Bemühungen steht, die du in das Pflanzen von Samen der Güte steckst. Um es nochmals zu sagen: Je achtsamer du mit deinen Ursachen/Anstrengungen bist, desto mehr wirst du etwas zum Freuen haben! Streue geplantes und spontanes Freuen von 1 Minute bis 24 Stunden in deine tägliche Praxis, Samen der Tugend zu pflanzen. Wenn du den Gesetzen folgst, dann wirst du etwas zum Freuen haben!

Als letztes noch: WIDME! Ich will, dass mein Geist mit diesen Hoffnungen, Gebeten und Aktionen, anderen zu helfen, gefüllt ist, sodass mein Herz und mein Geist darauf vorbereitet sind, die Chancen, anderen zu helfen, zu erkennen. Dies ist eine wissenschaftliche Methode, damit umzugehen, wie dein Gehirn funktioniert, um gute Gewohnheiten zu erschaffen. Je konsequenter du deine guten Bemühungen im Pflanzen von Samen, deine Planung, Vorbereitung, Pflanzung und das Feiern der Tugend widmest, desto mehr wird dein Geist und dein Herz die Fähigkeit haben, es wieder zu tun.

Finde Menschen, die die gleiche Art von Heilung und Glück brauchen. Verpflichte dich dazu, dass du ihre Schmerzen auf die gleiche Art lindern wirst, wie du dein eigenes Herz heilen willst. Sobald dein Herz heilt, hast du mehr zu geben und mehr zum Freuen.

Und das ist alles bei mir passiert:

Als ich kein Zuhause hatte, hatte ich kein Haus, das ich weggeben könnte, und ich kannte noch niemanden, sodass ich nicht einmal jemanden in seinem Haus besuchen konnte! Allerdings war ich entschlossen, ein Künstler zu sein, wenn es darum geht, ein Haus für mein Kind zu schaffen. Ich begann mit dem Supermarkt.

Wenn ich den Mitarbeitern im Supermarkt begegnete, stellte ich mir vor, dass sie so viele Stunden arbeiten, dass es wie ein zweites Zuhause war. Ich würde ihr Zuhause zu einem besseren Ort machen, indem ich die Einkaufswagen wegräumte, lächelte und den Supermarkt wertschätzte. Ich widmete dann diese Handlungen der Tugend der Suche nach einem sicheren, schönen Zuhause für mein Kind. Ich tat das gleiche in Parks und wo immer wir waren. Innerhalb einer Woche hatten wir eine schöne Wohnung. Innerhalb von einem Monat ein schönes Studio, und innerhalb von sechs Monaten hatten wir ein 85 Quadratmeter großes Häuschen mit einem schönen Garten und einem Innenhof, die wir mit einer anderen alleinerziehenden Mutter und ihrem Kind teilten. Das Kind wurde von meiner Tochter als ihre „Cousine" gesehen. Unbezahlbar.

Dann begann ich, andere Menschen zu treffen, was mich dazu führte, mit einer Gruppe von 6-10 Frauen zu arbeiten. In meinem neuen Hof und Garten hatte ich Spielgruppen, sodass die Eltern die Vorteile einer Gemeinschaft spüren konnten. Ich koordinierte „Team-Spiel-Treffen", sodass wir Materialien für die Praxis unserer Kinder, Samen zu pflanzen, machen konnten, während unsere Kinder spielten. Ich hatte Eins-zu-Eins-Gespräche mit Eltern, um über genaue „Pläne für Glückliche Samen" zu reden, um sie darin zu unterstützen, auf gesunde, achtsame Weise mit ihrer Familie zu sein. Als unsere jüngsten Kinder etwa vier Jahre alt waren, war meine Eltern-Gruppe bereit für Lehren über das Pflanzen von Samen für Kindererziehung, der extra starke Dünger für unsere „Glücklichen Samen".

Während ich Programme, Spielgruppen und Eins-zu-Eins-Unterstützung verschenkte, um Erziehenden zu helfen, habe ich absichtlich für diese Eltern ein friedlicheres Zuhause mit ihren Familien erschaffen. Ich habe verschenkt, was ich haben wollte. Ich war die Veränderung. Ich habe andere so behandelt, wie ich behandelt werden wollte. Ich wollte eine Gemeinschaft und ein Zuhause für mein Kind. Also verschenkte ich Gemeinschaft und teilte mein Zuhause.

Nun passten all die Familien, mit denen ich eine Gemeinschaft aufbaute, nicht mehr in mein kleines 85 Quadratmeter großes Haus. Es war an der Zeit, in ein größeres Haus mit einer größeren Gemeinschaft zu ziehen. Meine Samen erblühten in eine große Lebensgemeinschaft mit einem Kunstraum, Spielzimmer, Bio-Garten, Pool und Whirlpool und einem großen Gemeinschaftshaus und Spielplatz.

Meine Lebensgemeinschaft gab mir und meiner Tochter sehr viel Unterstützung und Fürsorge. Ich fuhr fort, Erziehenden zu helfen, Wohnungen zu finden und teilte mein Zuhause mit einem internationalen Austauschstudenten – **dabei bewahrte ich meine Absichten, anderen zu helfen, um ein ruhiges, sicheres Zuhause zu erschaffen und widmete es dem Wohlbefinden meines Kindes.** Bald bot mir der Vermieter an, das Haus, das ich gemietet hatte, zu kaufen. Er stellte mir sogar das Darlehen zur Verfügung, das ich brauchte. Wir arbeiteten nur auf persönlicher Vertrauensbasis, keine Bank, keine Anzahlung.

Als Job begann ich auf ein anderes Kind aufzupassen, während mein Kind bei mir war. Ich musste Teilzeit arbeiten. Die meisten Teilzeitjobs im Bildungswesen bezahlen Mindestlohn. Also suchte ich andere Menschen, die Arbeit und Einkommen benötigten. Ich hoffte und betete, Menschen zu finden, die Hilfe benötigten, insbesondere primäre Betreuungspersonen von Kindern. Ich stellte mir vor, wie ich anderen helfen konnte und stellte mir vor, wie meine Helden anderen helfen würden. (Einzelheiten!).

Ich begann, anderen umsonst bei ihrer Arbeit zu helfen, vor allem denjenigen, die kleine Kinder hatten. Ich fuhr Kinder irgendwo hin, damit ihre Mütter arbeiten konnten. Ich half einer Pflegemutter, der Gründungsdirektorin der „Gefährdeten" Schule, indem ich in zwei Klassenzimmern ihrer Schule freiwillig half. Ich half einer Mutter, die in ihrem Haus ihre eigene Kindertagesstätte hatte. Ich blieb einfach dabei, Jobs herzuschenken, um damit anderen ihre Arbeit leichter zu machen. In dieser Zeit fragte mich jemand aus meiner Wohngemeinschaft, ob ich je Schüler unterrichtet hatte. Ich begann mit zwei Sitzungen pro Woche mit einem Kind. Als ich gefragt wurde, wie viel ich dafür verlange, bat ich sie nur so viel zu geben wie sie dem Lehrer aus dem Vorjahr bezahlt hatte. Es war das Vierfache von dem, was ich pro Stunde verdiente.

Ich pflanzte weiterhin Samen durch meine Unterstützung von Betreuern, Erziehern und Kindern. Ich arbeite jetzt 20 Stunden pro Woche, ich gebe Nachhilfe in Mathematik und Lesen. Ich habe fast das gleiche Einkommen, das ich als Lehrerin in Vollzeit vor der Geburt meiner Tochter hatte. Ich arbeite mit freundlichen und fürsorglichen Lehrern, die zur Zusammenarbeit bereit sind, sodass die Familien, die wir unterstützen, den optimalen Nutzen davon haben. Aus meinen zwei Sitzungen pro Woche sind jetzt 15 Sitzungen pro Woche geworden. Drei der sieben Familien, mit denen ich arbeite, haben Kinder adoptiert, die dringend Pflege und Liebe brauchen. Das sind Details, die ich schon vorher visualisiert hatte, um diese Familien zu finden. **Und diese Familien haben mich gefunden!** Ich habe noch immer keine Visitenkarte, Broschüre oder Website. Nur Samen.

Dieser Zeitplan gibt mir Zeit, dass ich mich den Projekten meiner gemeinnützigen Organisation widmen kann. Ich habe jetzt ein Dutzend Familien, die mir helfen, die Unterrichtsmaterialien zu erstellen und zu produzieren, die wir für den Lehrplan unserer Samen-Pflanzung daheim und in Schulen brauchen. Ich habe jetzt sowohl richtig weise, erfahrene und wahre Freunde als meine Geschäftspartner als auch eine Gemeinschaft von einem halben Dutzend Familien, die freiwillig für meine gemeinnützige Organisation arbeiten. Sie nähen, häkeln, machen Dinge, um Geld aufzutreiben, und studieren die Pflanz-Methode als Gemeinschaft für unsere Kinder. Es gibt noch mehr Samen zu pflanzen!

Und das Tollste ist: Ich kann meine Tochter zur Schule bringen, sie abholen und sie abends ins Bett bringen. Ich kann für meine Tochter da sein und mit ihr verbunden sein und bemühe mich, sie mit ethischer Achtsamkeit zu erziehen.

Heute ist meine Tochter sieben Jahre alt. Ich musste näher zur Schule meiner Tochter ziehen, da ich pro Tag drei Stunden pendelte. Also verkaufte ich mein Haus für genau den Preis, den ich mir vorgestellt hatte. (Du hast es verstanden – Samen!)

Meine Hoffnung war, dass meine Tochter und ich in sieben Jahren mehr mit der Natur verbunden sein konnten und dass wir auf dem Land, auf dem wir lebten, zusammenarbeiten konnten. Wissen Sie, in einer Stadt leben, aber auf einem Bauernhof mit grünem Gras und hohen Bäumen ... in der Wüste. Klingt verrückt, oder?

Um es nochmals zu sagen: Lassen Sie sich nicht durch Ihre beschränkten Vorstellungen ins Bockshorn jagen! Sie sind zu mehr fähig, als Sie glauben.

Träumen Sie groß, pflanzen Sie groß und leben Sie groß. Ihr Herz ist dafür gedacht, über die Grenzen des Körpers hinauszugehen.

Wir leben jetzt auf einem Vier-Hektar-Pferdehof innerhalb unserer Stadtgrenzen und weniger als zehn Minuten von der Schule meiner Tochter entfernt (an der ich jetzt ein Pilotprojekt „Samen pflanzen" angefangen habe!).

Ich schaue jetzt auf Berge und grünes Gras und hohe Bäumen und Pferde – in der Wüste! Unsere „Gastfamilie", die die Farm seit fast 20 Jahren im Besitz hat, hat ihre Kinder hier aufgezogen und ist so glücklich, jetzt ein siebenjähriges Mädchen da zu haben, das gerne bei den Pferden ist und im Bio-Garten mitarbeitet.

Es ist erstaunlich, wie geduldig, belastbar und regelrecht gütig die Liebe, die diese Samen des Guten wachsen lässt, ist. Warum nicht an das Gute glauben und es wachsen lassen?

Jenseits von Gut und Böse gibt es einen Ort.
Dort treffen wir uns.

Rumi

Danksagung

Mein großer Dank für wertvolle Unterstützung geht an:

Ven. Lobsang Kading, Kat Ehrhorn
Connie O'Brien, RN
Rene Miranda, MD
Ven. Lobsang Kunga, Roberta Funck, PA-C
David K. Stumpf, PhD (meinem geliebten Ehemann)
Ann Curry, PA-C
Jan Henrikson, der außergewöhnlichen Herausgeberin
Richard Fenwick für sein Buch-Design
Lori Lieber für ihr Cover-Design
Vimala Sperber für ihre Illustrationen
Katey Fetch für ihr Foto von Juniper, der Hund mit dem Stift,
  äh, ich meine mit dem Stöckchen
Alle, die ihre Geschichten mit uns geteilt haben
Brigitte Zahrl, Martina Baur, Marianne Müller, Eva Balzer und
  Tanja Renz, die an der deutschen Ausgabe mitgewirkt haben

Über Sarahni

Sarahni (Susan P.) Stumpf gab eine über 20-jährige Karriere als Arztassistentin und Akupunkteurin auf, um ihrem spirituellen Weg zu folgen. Zwölf Jahre später, während einem 40-monatigen Meditationsretreat, verschmolzen ihr Karriereweg und ihr spiritueller Weg, als sie ihre Verbindung, die ihr offenbart wurde, verstand. Jetzt genießt sie beide Leidenschaften. Sie teilt die Weisheit der wahren Ursachen von Heilung durch dieses Buch und in Seminaren und unterrichtet alte Weisheitslehren und -praktiken online. Sie lebt mit ihrem wunderbaren Ehemann David in der Wüste von Pima County, Arizona.

Jan Henrikson hat das Vergnügen, eine Buch „Sherpani" für viele inspirierende Männer und Frauen zu sein, u.a. Rae Jacob, Autorin des Buches Akupunktur für die Seele, und Paige Valdiserri, Autorin von Die Rote Tasche. Ihr Leben wird dadurch bereichert, dass sie Autoren darin begleitet, ihre Bücher von Träumen zu Entwürfen bis hin zu abgeschlossen Manuskripten zu bringen, die auch das Leben ihrer Leser bereichern. Was für eine Freude, in die Lehren einzutauchen, die Sarahni in diesem Buch, das Sie gerade lesen, teilt. Gerne können Sie Jan kontaktieren unter janlight13@gmail.com.

Vimala Sperber: Ungeachtet eines Studiums in Meeresgeologie haben Vimalas Liebe zur Kunst und ihre Fähigkeiten als Künstlerin ihre zehnjährige Karriere als Eigentümerin der Mimi Ferzt Gallery in Soho, Manhattan, New York, angetrieben. Sie folgte ihrem spirituellen Weg und ließ dieses Leben hinter sich. Aber ihre zeichnerischen Fähigkeiten ermöglichen es ihr, anderen dabei zu helfen, ihre meditativen Visualisierungen zu verbessern und natürlich auch ihre eigene zu verfeinern. Ihr einfacher Stil ist liebenswert. Sie engagiert sich derzeit, meditative Kunstausstellungen zu organisieren.

Vimala ist auch Mitbegründerin von „Fäden der Weisheit", einer gemeinnützigen Stiftung, die Flüchtlingsfrauen unterstützt, damit sie lernen, wie sie Buchhüllen für alte Weisheitstexte nähen. Das gibt den Flüchtlingsfrauen die Möglichkeit, legal zu arbeiten und sie so in ihre neuen Gemeinschaften zu integrieren. Weitere Informationen zu diesem Projekt finden Sie unter www.threadsofwisdomproject.org.

Richard Fenwick entwirft Layouts für Autoren von gedruckten Büchern und E-Books und arbeitet als russischer Übersetzer für Holocaust-Überlebende aus der ehemaligen Sowjetunion. Seine

Dichtung ist in Magazinen wie Rattle, The Virginia Quarterly Review und The Adirondack Review erschienen, und seine erste Gedichtesammlung „Um die Sonne ohne Segel" wurde im Jahr 2012 veröffentlicht. Eine zweite Sammlung „Das Gewicht der Lilien" wurde Anfang 2018 veröffentlicht. Gerne können Sie Richard kontaktieren unter fenwickpoems@gmail.com

www.ingramcontent.com/pod-product-compliance
Lightning Source LLC
Chambersburg PA
CBHW071357290426
44108CB00014B/1589